일본어 초급 2

日本語初級 ②

大地 한국어판

문형 설명과 번역

文型説明と翻訳〈韓国語版〉

山崎佳子・石井怜子・佐々木 薫・高橋美和子・町田恵子

スリーエーネットワーク

©2010 by 3A Corporation

All rights reserved. No part of this publication may be reproduced, stored in a retrieval system, or transmitted in any form or by any means, electronic, mechanical, photocopying, recording, or otherwise, without the prior written permission of the Publisher.

Published by 3A Corporation.
Trusty Kojimachi Bldg., 2F, 4, Kojimachi 3-Chome, Chiyoda-ku, Tokyo 102-0083, Japan

ISBN978-4-88319-531-2 C0081

First published 2010
Printed in Japan

이 책을 사용하시는 분들에게

이 책은『일본어 초급 2 大地(だいち) 메인 텍스트』의 부교재로, 메인 텍스트의 회화문 및 새로 나온 단어의 번역, 학습 항목의 해설, 관련 어휘 및 문화 정보 등이 실려 있습니다. 메인 텍스트와 함께 사용하십시오.

이 책의 구성

1. 이 책을 사용하시는 분들에게
2. 차례
3. 범례
4. 등장인물
5. 23 ~ 42 과

각 과의 구성

회화문 : 회화문의 번역

어휘 : 새로 나온 어휘를 품사별로 나누어 명사, 동사, 형용사, 고유명사, 기타 순으로 배열하고, 그 뒤에 그림 안에 나오는 단어와 표의 제목 등을 제시하였습니다. *표가 붙은 것은 그 과에서 학습하는 단어와 관련된 단어 및 표현입니다.

문형 설명 : 각 과의 학습 항목에 대한 해설입니다. 예습과 복습을 할 때 새로 나온 학습 항목을 잘 이해할 수 있도록 구성하였습니다.

언어와 문화 정보 :
각 과와 관련이 있는 어휘 및 문화 정보입니다. 지식을 넓히고 더 깊이 이해하는 데 도움이 될 것입니다.

차례

이 책을 사용하시는 분들에게 ·· 3
범례 ·· 12
등장인물 ·· 14

23 다리를 건너면 왼쪽에 공원이 있습니다 ··· 17
문형 설명
상태의 변화 1
조건문 2
　いAく／なAに／Nになります、Vdic.と、S
언어와 문화 정보：날씨

24 이 동물원은 밤에도 들어올 수 있습니다 ·· 23
문형 설명
가능형
상태의 변화 2
　가능형、N1はN2が V(가능형)、
　V(가능형) dic. ようになります、V(가능형) なくなります
언어와 문화 정보：동물

25 무엇을 할지 벌써 정했습니까? ·· 32
문형 설명
이유
　S1(보통형) ので、S2, 의문사를 사용하는 S(보통형) か、～,
　S(보통형) かどうか、～
언어와 문화 정보：부동산 정보

26 축구 합숙에 참가했을 때 받았습니다 ·· 39
문형 설명
때를 나타내는 표현
의무
　S1とき、S2、Vdic.／Vたとき、S、Vなければなりません
언어와 문화 정보：행정 기관

27 언제부터 열이 있는 겁니까? ·· 45
문형 설명
んです
　S(보통형) んです、V1ながらV2
언어와 문화 정보：약과 진료과

まとめ5 ·· 52

28 하늘에 별이 떠 있습니다 ·········· 53
문형 설명
상태 1
전문
　NがVています, S(보통형)そうです, いAく／なAにV
언어와 문화 정보: 재해

29 책임이 있는 일이고, 새로운 경험을 할 수 있고…… ·········· 61
문형 설명
병렬
결정
　S(보통형)し、～, Vdic.／Vないことにしました,
　Vdic.／Vないことになりました, Vdic.／Vないことになっています
언어와 문화 정보: 구인 정보

30 제과 전문학교에 들어가려고 생각하고 있습니다 ·········· 67
문형 설명
의향형
목적 1
　의향형, V(의향형)と思っています, Vdic.／Nのために、S
언어와 문화 정보: 교통과 표어

31 내일까지 봐 두겠습니다 ·········· 73
문형 설명
준비
상태 2
　Vておきます, NがVてあります, V／いA〜／なAすぎます,
　いAく／なAに／Nにします
언어와 문화 정보: 미용실, 이발소

32 사과 껍질은 벗기지 않는 것이 좋습니다 ·········· 79
문형 설명
조언
추량 1
부대상황(附帶狀況)
　Vた／Vないほうがいいです, S(보통형)かもしれません,
　V1て／V1ないでV2
언어와 문화 정보: 건강 진단과 질환

まとめ 6 ·········· 85

33 차가 있으면 편리합니다 ── 86
문형 설명
조건형
　조건형, S1 (조건형), S2, S (보통형) でしょう
언어와 문화 정보 : 이력서

34 경기에 지고 말았습니다 ── 94
문형 설명
완료
동사의 명사화
　V てしまいます, V1 たまま V2,
　V dic. のは／V dic. のが A, S (보통형) のを V
언어와 문화 정보 : 의태어

35 우산을 가지고 다니도록 합니다 ── 101
문형 설명
목적 2
　V dic. ／V ないように、S, V dic. ／V ないようにしています,
　V dic. の／N に S, V にくい／V やすい
언어와 문화 정보 : 행운을 기원하는 물건

36 여러 외국어로 번역되어 있습니다 ── 107
문형 설명
수동형
　수동형, N1 (사람) は N2 に V (수동형),
　N1 (사람) は N2 に N3 (사물) を V (수동형),
　N (사물) が V (수동형)
언어와 문화 정보 : 산업

37 재미있어 보이는군요 ── 115
문형 설명
양태
예상
　い A ⇌／な A ／V そうです, V dic. ／V ている／V たところです,
　V てみます
언어와 문화 정보 : 그래프와 계산

まとめ 7 ── 122

38 원숭이를 조심하라는 뜻입니다 ········· 123
문형 설명
명령형, 금지형
　명령형과 금지형, Vなさい, Nは～という意味です,
　～と言っていました
언어와 문화 정보: 표지

39 여행 때 사용하려고 샀는데…… ········· 129
문형 설명
추량 2
역접의 'のに'
　S(보통형)ようです, S1(보통형)のに、S2, Vたばかりです
언어와 문화 정보: 전철 사고

40 아들을 학원에 보내고 싶은데요…… ········· 135
문형 설명
사역형
　사역형,
　N1(사람)はN2(사람)にN3(사물)をV(사역형),
　V(사역형)ていただけませんか
언어와 문화 정보: 대학 생활

41 대학원에서 의학을 연구하셨습니다 ········· 141
문형 설명
존경 표현
　존경어, 존경동사, おVになります,
　おVください, 존경형
언어와 문화 정보: 여행

42 10년 전에 일본에 왔습니다 ········· 149
문형 설명
겸양 표현
　겸양어, 겸양동사, お／ごVします
언어와 문화 정보: 가게에서 사용하는 표현

まとめ8 ········· 155
巻末 ········· 156

일본어 초급 1 차례

일본어의 특징
はじめましょう

1 저는 린 타이입니다
문형 설명
명사문 1: 비과거 (긍정, 부정)
　　N1 は N2 です, N じゃ ありません, S か
언어와 문화 정보: 직업, 취미

2 그것은 무슨 CD 입니까?
문형 설명
지시사 (指示詞) 1: これ・それ・あれ
　　これ／それ／あれ, この N／その N／あの N
언어와 문화 정보: 메뉴

3 여기는 유리 대학교입니다
문형 설명
지시사 2: ここ・そこ・あそこ
　　ここ／そこ／あそこ, N1 は N2 (장소)です
언어와 문화 정보: 캠퍼스 지도

4 내일 무엇을 합니까?
문형 설명
동사문 1: 비과거 (긍정, 부정)
　　N を V ます, V ません, N (장소)で V ます
언어와 문화 정보: 음식

5 시드니는 지금 몇 시입니까?
문형 설명
동사문 2: 과거 (긍정, 부정)
시간에 관한 표현
　　V ました, V ませんでした, ―時―分, N (시각)に V ます
언어와 문화 정보: 무도

6 교토로 갑니다
문형 설명
동사문 3: 行きます／来ます／帰ります
　　N (장소)へ 行きます／来ます／帰ります
　　N (때)に 行きます／来ます／帰ります
　　N (교통 수단)で 行きます／来ます／帰ります
언어와 문화 정보: 일본의 경축일

まとめ 1

7 사진이 아름답군요
문형 설명
형용사문 1 : 비과거 (긍정, 부정)
　Nは いA／なAです, Nは いAくないです／なAじゃ ありません
언어와 문화 정보 : 세계 유산

8 후지산은 어디에 있습니까?
문형 설명
존재문
　N1 (장소)に N2が あります／います
　N1は N2 (장소)に います／あります
언어와 문화 정보 : 자연

9 어떤 스포츠를 좋아합니까?
문형 설명
대상을 'が'로 나타내는 문장
　Nが 好きです／嫌いです／上手です／下手です
　Nが 分かります, S1から、S2
언어와 문화 정보 : 스포츠, 영화, 음악

10 저는 와타나베 씨에게 다도를 배웠습니다
문형 설명
동사문 4 : 동작의 대상자나 주체를 조사 'に'로 나타내는 동사
　N1に N2 (사물)を V
언어와 문화 정보 : 축하, 세뱃돈, 문병

11 도쿄하고 서울하고 어느 쪽이 춥습니까?
문형 설명
비교
　N1は N2が A, N1は N2より A
　N1と N2と どちらが Aか, N1で N2が いちばん A
언어와 문화 정보 : 우주

12 여행은 어땠습니까?
문형 설명
형용사문 2, 명사문 2 : 과거 (긍정, 부정)
　いAかったです／なAでした／Nでした
　いAくなかったです／なAじゃ ありませんでした／Nじゃ ありませんでした
언어와 문화 정보 : 연중행사

まとめ 2

13 무엇인가 먹고 싶군요
문형 설명
ます형
　Nが 欲しいです, NをVたいです
　N1(장소)へ Vます／N2に 行きます／来ます／帰ります
언어와 문화 정보: 교육

14 제 취미는 음악을 듣는 것입니다
문형 설명
동사의 그룹
사전형
보통체 (普通體) 회화 1
　わたしの 趣味はV dic. こと／Nです, V dic. こと／Nが できます
　V1 dic.／Nの まえに、V2
언어와 문화 정보: 편의점

15 지금 다른 사람이 사용하고 있습니다
문형 설명
て형 1
보통체 회화 2
　Vて ください, Vて います
언어와 문화 정보: 주방

16 조금 만져 봐도 됩니까?
문형 설명
て형 2
　Vても いいです, Vては いけません, V1 て、(V2 て、) V3
언어와 문화 정보: 역

17 너무 무리하지 마십시오
문형 설명
ない형
て형 3
보통체 회화 3
　Vないで ください, Vなくても いいです, V1 てから、V2
언어와 문화 정보: 컴퓨터와 이메일

18 일본 씨름을 본 적이 없습니다
문형 설명
た형
보통체 회화 4
　Vた ことが あります, V1 たり、V2 たり します, V1 た／Nの あとで、V2
언어와 문화 정보: 도도부현

まとめ 3

19 역은 밝고 깨끗하다고 생각합니다
   문형 설명
   보통형
   보통체 회화 5
   　보통형と 思います, 보통형と 言います
   언어와 문화 정보: 몸, 질병, 부상

20 이것은 여자 친구에게서 받은 티셔츠입니다
   문형 설명
   명사 수식
   　명사 수식
   언어와 문화 정보: 색, 무늬, 소재

21 비가 오면 투어는 취소됩니다
   문형 설명
   조건문
   　S1 たら, S2, V たら、S, S1 ても、S2
   언어와 문화 정보: 일본의 시대 구분

22 식사를 만들어 주었습니다
   문형 설명
   동사문 5 : 수수 동사 (授受動詞)
   　N1 (사람)に N2 (물건)を くれる
   　V て くれる, V て もらう, V て あげる
   언어와 문화 정보: 연하장

まとめ 4
巻末

범례

			〔예〕
N	명사		
V	동사		
V dic.	사전형		〔よむ〕
Vます	ます형		〔よみます〕
V~~ます~~	ます형의 어간		〔よみ〕
Vましょう	V~~ます~~+ましょう		〔よみましょう〕
Vたい	V~~ます~~+たい		〔よみたい〕
Vながら	V~~ます~~+ながら		〔よみながら〕
Vにくい	V~~ます~~+にくい		〔よみにくい〕
Vなさい	V~~ます~~+なさい		〔よみなさい〕
おVください	お+V~~ます~~+ください		〔およみください〕
Vて	て형		〔よんで〕
Vた	た형		〔よんだ〕
Vたら	Vた+ら		〔よんだら〕
Vない	ない형		〔よまない〕
V~~ない~~	ない형의 어간		〔よま〕
Vなくなります	V~~ない~~+なくなります		〔よまなくなります〕
Vなければなりません	V~~ない~~+なければなりません		〔よまなければなりません〕
Vないで	ない형의 て형		〔よまないで〕
A	형용사		
いA	い형용사		〔おおきい〕
いA~~い~~	い형용사의 어간		〔おおき〕
いAく	いA~~い~~+く		〔おおきく〕
なA	な형용사		〔べんり〕
なAに	なA+に		〔べんりに〕

S	문장, 절	〔わたしはがくせいです。〕 〔いいてんきです〕が、 　〔さむいです。〕
S（보통형）	S의 보통형	〔わたしはがくせいだ。〕 〔いいてんきだ〕が、〔さむい。〕

* 활용표 중의 예외　　　　　　　　　　　〔＊いいです〕
＊ 그 과에서 학습하는 단어와 관련된　　　〔あさごはん＊〕
　단어나 표현
○ 옳은 문장　　　　　　　　　　　　　　〔○カメラをかいたいです。〕
× 옳지 않은 문장　　　　　　　　　　　　〔×ゆきがふってください。〕

등장인물

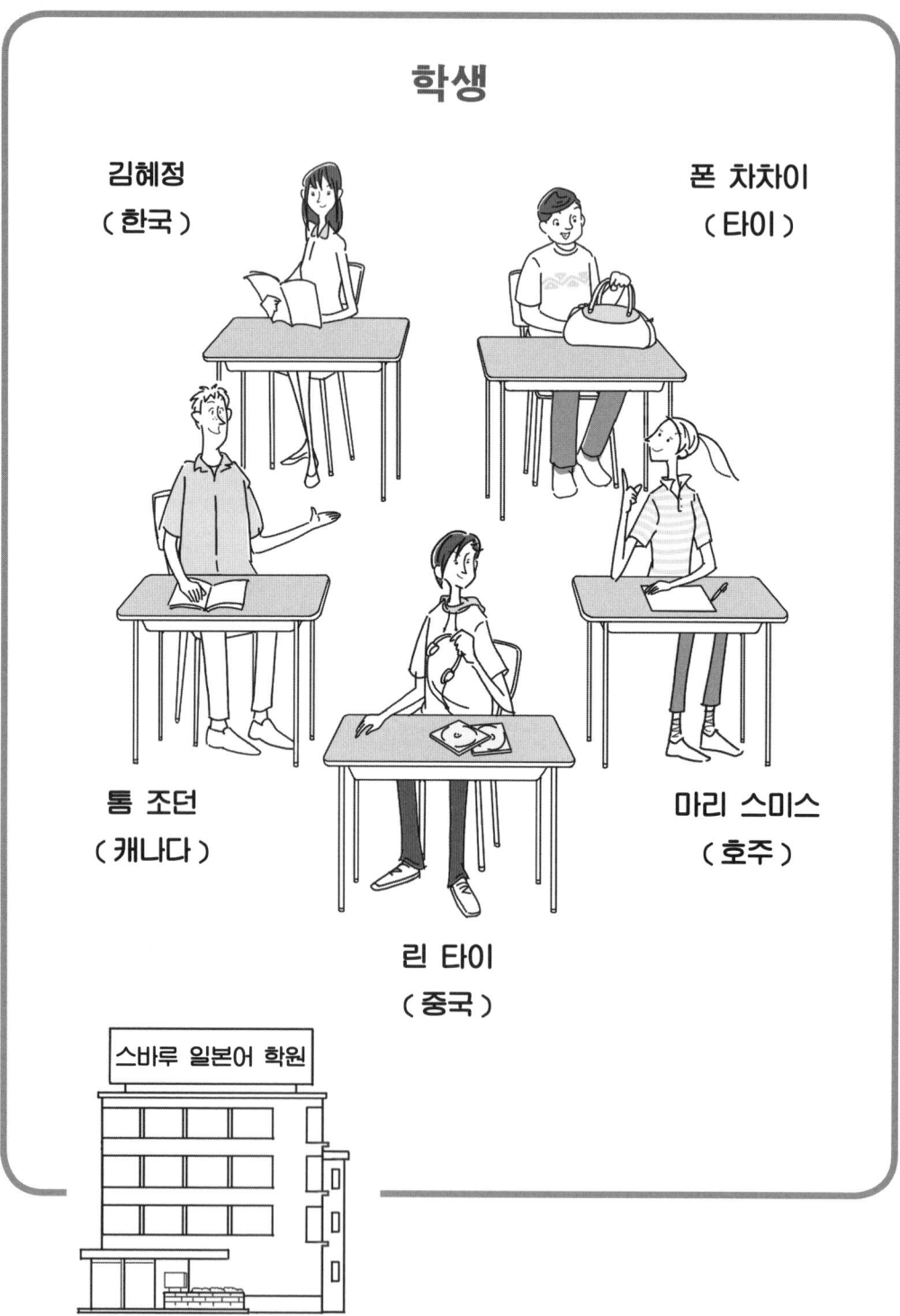

선생　　사무원

스즈키 교코
（일본）

다나카 마사오
（일본）

관리인

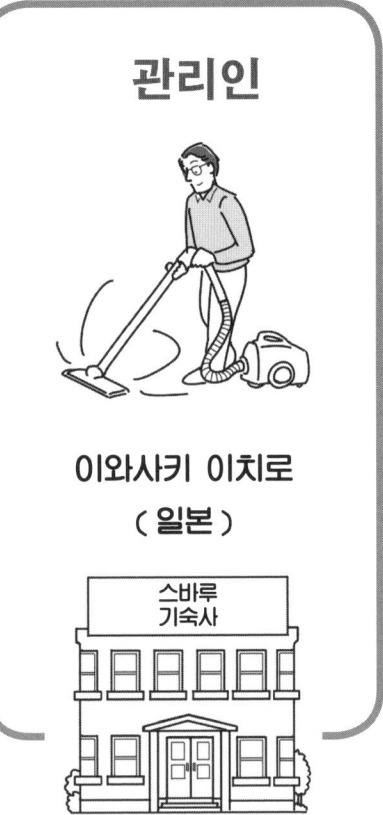

이와사키 이치로
（일본）

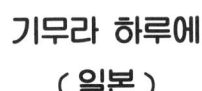

기무라 하루에
（일본）

기무라 히로시
（일본）

와타나베 아키
（일본）

레 티 안
（베트남．엔지니어）

알랭 말레
（프랑스．은행원）

호세 카를로스
（페루．회사원）

23 다리를 건너면 왼쪽에 공원이 있습니다

회화문

기무라 : 알랭 씨, 오래간만이군요.
말레 : 아, 기무라 씨, 안녕하십니까? 실은 저 며칠 전에 이사했습니다.
　　　　이 근처의 새 연립주택입니다.
기무라 : 그렇군요. 어딥니까?
말레 : 니시마치 1조메입니다. 이 길을 똑바로 가서 다리를 건너면 왼쪽에
　　　　공원이 있습니다. 제가 사는 연립주택은 그 옆입니다.
기무라 : 새 집에 사니까 기분이 좋지요? (새 방은 기분이 좋지요?)
말레 : 네. 아침에는 새가 지저귀는 소리가 들립니다.
　　　　그리고 창문으로 공원의 벚꽃도 보입니다.
기무라 : 좋네요.
말레 : 겨우 방이 깨끗해졌으니까 놀러 오십시오.
기무라 : 감사합니다.

어휘

23

おなか		배, 복부
らくだ		낙타
リサイクル		재활용
リサイクルこうじょう	リサイクル工場	재활용 공장
きっぷ	切符	표
ていき	定期	정기, 정기 승차권
けん	券	권
ていきけん	定期券	정기 승차권
ベンチ		벤치
ペットボトル		페트병
あぶら	油	기름
てんぷらあぶら	天ぷら油	튀김 기름
パック		팩
ぎゅうにゅうパック	牛乳パック	우유 팩
びん	瓶	병
トイレットペーパー		화장지
どうろ	道路	도로
ざいりょう	材料	재료
カーペット		카펫
ボタン		버튼, 단추
みぎ	右	오른쪽
ふた		뚜껑
でんき	電気	전등, 전기
ひだり	左	왼쪽
こうさてん	交差点	교차로
しみん	市民	시민
しみんびょういん	市民病院	시민 병원
きせつ	季節	계절
うき	雨季	우기
かんき	乾季	건기

ひさしぶり	久しぶり	오래간만
せんじつ	先日	며칠 전, 일전
なる Ⅰ		되다
でる Ⅱ	出る	나다, 나오다, 나가다
あく Ⅰ	開く	열리다
つく Ⅰ		켜지다
ながれる Ⅱ	流れる	흐르다
きえる Ⅱ	消える	꺼지다
まがる Ⅰ	曲がる	돌아가다, 꺾다
わたる Ⅰ	渡る	건너다(다리 등+を)
あずける Ⅱ	預ける	맡기다
つづく Ⅰ	続く	계속되다, 이어지다
きこえる Ⅱ	聞こえる	들리다
きたない	汚い	더럽다
じょうぶ[な]	丈夫[な]	튼튼하다
～め	～目	～째(순서를 나타내는 접미사)
―ちょうめ	―丁目	―초메 ('마치'를 세분화한 구역)
まっすぐ		똑바로
じつは	実は	실은
～など		～ 등
シンガポール		싱가포르
サミットぎんこう	サミット銀行	서미트 은행
にしまち	西町	니시마치

문형 설명

상태의 변화 1, 조건문 2

1. | 暗く なります。 | 어두워집니다.
| 静かになります。 | 조용해집니다.
| 夜に なります。 | 밤이 됩니다.

- ［ いA く ／ なA に ／ N に ］ なります

'なります'는 "-어지다", "~이 되다"라는 뜻으로, 상황이나 상태의 변화를 나타내는 동사이다. い형용사는 단어 끝의 'い'를 'く'로 바꾼 형태에, な형용사와 명사는 끝에 'に'를 붙인 형태에 'なります'를 붙인다.

い A : くら<u>い</u> → くら<u>く</u>
*<u>いい</u> → <u>よく</u>
な A : しずか → しずか<u>に</u>   ｝ なります
N : よる → よる<u>に</u>

2. | このボタンを押すと、お茶が出ます。 | 이 단추를 누르면 녹차가 나옵니다.

- V dic. と、S

1) 'と'는 "으면"이라는 뜻으로, 두 문장을 이어 주고, 어떤 동작이 일어나면 (V dic.) 그 결과로서 필연적으로 다른 동작이 일어나거나 어떤 상태가 발생한다 (S) 는 것을 나타내는 표현이다.
春になると、桜が咲きます。 봄이 되면 벚꽃이 핍니다.
まっすぐ行くと、右に郵便局があります。
똑바로 가면 오른쪽에 우체국이 있습니다.

2) S에는 과거형이나 화자의 의지를 나타내는 'Vてください', 'Vたいです'와 같은 표현은 사용하지 않는다.

3. | ジュースを買って来ます。 | 주스를 사 오겠습니다.

- V て来ます

어떤 곳에 가서 무엇인가를 하고 다시 원래 있던 곳으로 돌아온다는 뜻이다.

① 新しい部屋は気持ちがいいでしょう。　새 방은 기분이 좋지요?
　1) "-지요"라는 뜻으로, 화자가 청자에게 동의할 것을 요구하는 표현이다. 'でしょう'는 끝을 올려서 발음하는 경우가 많다.
　2) 'でしょう' 앞에서는 보통형을 사용하되, な형용사와 명사 보통형의 'だ'는 생략한다.

② 左に公園があります。僕のアパートはその隣です。
　왼쪽에 공원이 있습니다. 제가 사는 연립주택은 그 옆입니다.
　'その', 'それ', 'そこ'는 화자가 눈으로 볼 수 있는 것을 가리키기도 하지만, 이야기한 내용의 전체 또는 그 일부를 가리킬 때도 사용한다. 위 예문의 'その'는 'こうえん'을 가리킨다. ⇒ 2과-1
　　A：あしたのパーティーに20人来ます。　내일 파티에 20명이 옵니다.
　　B：それは大変ですね。　그건 큰일이네요.
　　先週沖縄へ行きました。そこで珍しい魚を見ました。
　　지난주에 오키나와에 갔습니다. 거기서 진귀한 물고기를 보았습니다.

③ シンガポールには季節が2つあります。　싱가포르에는 두 계절이 있습니다.
　주제를 나타내는 조사 'は'는 그 앞의 단어를 주제로 삼는데, 이미 조사가 붙은 단어에도 붙는다.
　　バスで京都へ行きました。　→　京都へはバスで行きました。
　　버스로 교토에 갔습니다.　　　교토에는 버스로 갔습니다.
　　事務室でたばこが吸えません。
　　사무실에서 담배를 피울 수 없습니다.
　　→ 事務室ではたばこが吸えません。
　　　사무실에서는 담배를 피울 수 없습니다.
　단, 'を', 'が'가 붙은 단어인 경우에는 'を', 'が' 자리에 대신 'は'가 들어간다.
　　コンビニでコンサートのチケットを売っています。
　　편의점에서 음악회 티켓을 팝니다.
　　→ コンサートのチケットはコンビニで売っています。
　　　음악회 티켓은 편의점에서 팝니다.

④ いちばんいい季節は11月ごろです。いろいろな果物がおいしくなるからです。
　가장 좋은 계절은 11월경입니다. 여러 과일들이 맛있어지기 때문입니다.
　'からです'는 그 앞의 내용에 대한 이유를 말할 때 사용하는 표현이다.
　'からです' 앞에서는 보통형을 사용한다.

언어와 문화 정보

23 天気 날씨

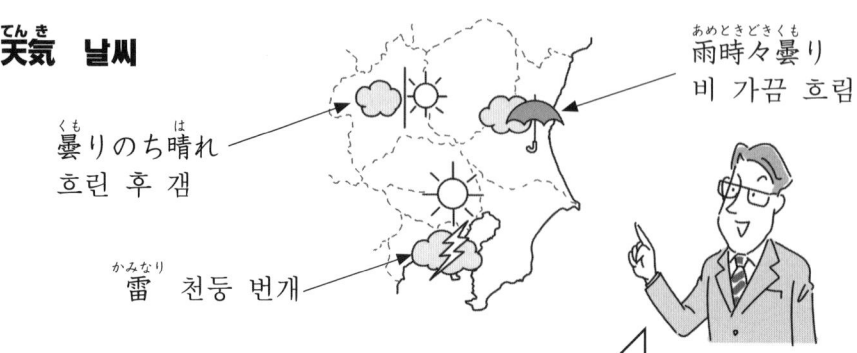

- 曇りのち晴れ 흐린 후 갬
- 雨時々曇り 비 가끔 흐림
- 雷 천둥 번개

あしたは晴れて、蒸し暑いでしょう。ところによって夕方激しい雨になるでしょう。
내일은 맑고 무덥겠습니다. 곳에 따라 저녁에 강한 비가 내리겠습니다.

週間天気予報 주간 일기 예보

日付 날짜		20 (木)	21 (金)	22 (土)
東京 도쿄		☀/☁	🌧☂	☂
最高気温 최고 기온／ 最低気温 최저 기온	℃	32／26	30／24	29／25
降水確率 강수 확률	%	10	60	100

大雨警報 호우 경보　暴風警報 강풍 경보
洪水注意報 홍수 주의보　光化学スモッグ注意報 광화학 스모그 주의보
花粉情報 화분 정보, 꽃가루 비상 정보　紫外線情報 자외선 정보
梅雨 장마, 장마철　梅雨入り 장마철이 시작됨
梅雨明け 장마철이 끝남
高気圧 고기압　低気圧 저기압
湿度が高い 습도가 높다　湿度が低い 습도가 낮다
真夏日 (最高気温が30度以上の日) 진하일 (최고 기온이 30도를 넘는 날)
熱帯夜 (最低気温が25度以上の夜) 열대야 (최저 기온이 25도를 넘는 날)

24 이 동물원은 밤에도 들어올 수 있습니다

회화문

린　　　: 아니, 이 동물은 전혀 움직이지 않네요.

기무라 : 네, 낮에는 자고 있지만 밤에는 아주 잘 움직입니다.

린　　　: 그래요? 잘 아시는군요.

기무라 : 저는 동물을 아주 좋아해서 이 동물원에 자주 오거든요.

린　　　: 그렇군요. 그런데 낮의 모습밖에 볼 수 없지요?

기무라 : 이 동물원은 작년부터 밤에도 들어올 수 있게 됐으니까, 밤에 오면 재미있어요.

린　　　: 그럼 다음에 밤에 오겠습니다.

기무라 : 중국에도 이런 동물원이 있습니까?

린　　　: 글쎄요.

어휘

バイオリン		바이올린
かたて	片手	한손
トラック		트럭
ハンバーガー		햄버거
けいさん	計算	계산
さる	猿	원숭이
イルカ		돌고래
ダイビング		다이빙
ざぜん	座禅	좌선
げんきん	現金	현금
おとな	大人	어른, 성인
むすこ	息子	아들(남의 아들인 경우에는 접사 'さん'을 붙임)
むすめ*	娘	딸(남의 딸인 경우에는 접사 'さん'을 붙임)
ママ		엄마
パパ*		아빠
じ	字	글씨
キャンプ		캠프
～じょう	～場	～장
キャンプじょう	キャンプ場	캠프장
インタビュー		인터뷰
インタビューシート		인터뷰 시트
めんせつ	面接	면접
ほいくえん	保育園	보육원
こくせき	国籍	국적
ねんれい	年齢	연령
きょか	許可	허가

〜しょう	〜証	〜증
きょかしょう	許可証	허가증
けいけん	経験	경험
りゆう	理由	이유
おりがみ	折り紙	종이접기
ひるま	昼間	낮, 주간
ようす		모습
はしる　Ⅰ	走る	달리다
よやくする　Ⅲ	予約する	예약하다
わる　Ⅰ	割る	깨다
ダウンロードする　Ⅲ		다운로드하다
しらべる　Ⅱ	調べる	알아보다, 조사하다
なげる　Ⅱ	投げる	던지다
うける　Ⅱ	受ける	받다, (면접을) 보다
さいようする　Ⅲ	採用する	채용하다
うごく　Ⅰ	動く	움직이다
ごぞんじだ	ご存じだ	아시다 ('しっている'의 존경어)
―かこく	―か国	―개국 (국가를 셀 때 사용하는 조수사)
―キロ（キロメートル）(km)		―킬로미터
―こ	―個	―개 (작은 물건을 셀 때 사용하는 조수사)
―センチ（センチメートル）(cm)		―센티미터
―さつ	―冊	―권 (책 등을 셀 때 사용하는 조수사)
こんな		이런
そんな＊		그런
あんな＊		저런, 그런
あれ		아니 (놀라거나 수상하게 여겼을 때의 감탄사)
〜しか		〜밖에

いかがですか。		어떻습니까? (남에게 무엇인가를 정중히 권하는 표현)

24

りょうごく	両国	료고쿠
かまくら	鎌倉	가마쿠라
しもだ	下田	시모다
ひめじ	姫路	히메지
なは	那覇	나하
かのうけい	可能形	가능형

문형 설명

가능형, 상태의 변화 2

1. 가능형

1) 무엇인가를 할 수 있고 없음을 나타낼 때 가능형을 사용한다.
2) 'V dic. ことができます'와 같은 뜻인데, 일상 회화에서는 가능형을 더 많이 사용한다. ⇒ 14 과
3) 가능형을 만드는 방법은 다음과 같다.
   Ⅰ그룹 : 사전형의 끝 음절 '-u'를 '-e る'로 바꾼다.
   Ⅱ그룹 : 사전형의 'る'를 'られる'로 바꾼다.
   Ⅲ그룹 : 'くる→こられる', 'する→できる'

	V dic.	V(가능형)			V dic.	V(가능형)	
Ⅰ	かう かく およぐ はなす まつ しぬ あそぶ よむ とる	かえる かける およげる はなせる まてる しねる あそべる よめる とれる	う→え く→け ぐ→げ す→せ つ→て ぬ→ね ぶ→べ む→め る→れ	る	Ⅱ Ⅲ	たべる ねる おきる かりる くる する	たべられる ねられる おきられる かりられる こられる できる	る→ られる

'わかる', 'できる'는 그 자체에 가능의 뜻이 포함되어 있기 때문에 가능형으로 만들 수 없다. 또한 'ふえる', 'へる', 'なくなる'와 같은 무의지동사도 가능형으로 만들 수 없다.

4) 모든 가능형은 Ⅱ그룹 동사로서 활용된다.

2. マリーさんは漢字が書けます。　마리 씨는 한자를 쓸 수 있습니다.
   ● N1 は N2 が V(가능형)
   1) 가능형 문장에서는 대상을 나타내는 조사 'を'를 'が'로 바꾸어 사용한다.
      マリーさんは漢字を書きます。　마리 씨는 한자를 씁니다.
      マリーさんは漢字が書けます。　마리 씨는 한자를 쓸 수 있습니다.
   2) 가능형에는 'V dic. ことができます'처럼 두 가지 뜻이 있다. 아래 예문처럼 사람의 능력을 나타내는 경우와, 어떤 상황에서 동작이 실현될 가능성을 나타내는 경우이다. ⇒14과
      リンさんは１キロメートル泳げます。
      린 씨는 1킬로미터 헤엄칠 수 있습니다.
      図書館で本が借りられます。　도서관에서 책을 빌릴 수 있습니다.
   3) 'みます'의 가능형은 'みられます', 'ききます'의 가능형은 'きけます'이며, 보거나 들으려는 의지가 실현된다는 뜻을 나타낸다.
      動物園で象が見られます。　동물원에서 코끼리를 볼 수 있습니다.
      このレストランでジャズが聞けます。
      이 레스토랑에서 재즈를 들을 수 있습니다.
      비슷한 말로 'みえます', 'きこえます'가 있는데, 이것들은 가능형이 아니다. 본인의 의지와 관계 없이 '대상이 시야에 들어오는 것', '소리가 귀에 들려 오는 것'을 나타낸다. 보이거나 들리는 것이 문장의 주어가 되며, 조사 'が'가 붙는다.
      この部屋から山が見えます。　이 방에서 산이 보입니다.
      鳥の声が聞こえます。　새 소리가 들립니다.

3. うちの息子は歩けるようになりました。
   우리 아들은 걸을 수 있게 되었습니다.
   ● V(가능형) dic. ようになります
   상태나 상황의 변화를 나타내는 'なります'는 형용사나 명사뿐만 아니라 동사에도 붙는다. ⇒23과-1
   'V(가능형) dic. ようになります'는 불가능했던 상태나 상황이 가능한 상태, 상황으로 변하는 것을 나타낸다.
   가능형 외에 가능의 뜻을 지닌 동사 'わかる', 'みえる' 등도 사용할 수 있다.
      眼鏡を掛けたら、よく見えるようになりますよ。
      안경을 끼면 잘 보이게 될 것입니다.

4. 祖父は長い時間歩けなくなりました。
   할아버지는 장시간 걸을 수 없게 되었습니다.

   ● V(가능형) なくなります

   1) 'V なくなります'는 가능했던 상태나 상황이 불가능한 상태, 상황으로 변하는 것을 나타낸다.
      よめる　　よめない → よめなくなります
      あるける　あるけない → あるけなくなります

   2) 가능의 뜻을 지닌 동사 'わかる', 'みえる' 등도 사용할 수 있다.
      星が見えなくなりました。　별이 보이지 않게 되었습니다.

---

① 現金しか使えません。　현금밖에 사용할 수 없습니다.
   'しか'는 '-밖에'라는 뜻으로, 동사나 형용사의 부정형을 동반하여, 말한 것 이외의 사물을 부정하는 조사이다. 'しか'는 부정적으로 표현할 때 사용하는데 반하여, 'だけ'에는 부정적인 뜻은 없다. ⇒ 20 과
   ○10分しかありませんから、急ぎます。
   　　10분밖에 없으니까 서두릅니다.
   ×10分だけありますから、急ぎます。

② 昼間は寝ていますが、夜はよく動きます。
   낮에는 자고 있지만 밤에는 잘 움직입니다.
   주제를 나타내는 조사 'は'는 대비의 뜻으로도 사용된다. 위 예문에서는 'ひるま'와 'よる'를 대비시키고 있다.

③ 中国にもこんな動物園がありますか。　중국에도 이런 동물원이 있습니까?
   "-도"라는 뜻의 조사 'も'는 조사 'は'와 마찬가지로 다른 조사 뒤에도 붙는다.
   'も'도 'は'와 마찬가지로 조사'を', 'が'가 붙은 단어인 경우에는, 'を', 'が' 자리에 대신 'も'가 들어간다. ⇒ 23 과-③
   うちから富士山が見えます。わたしの学校からも富士山が見えます。
   우리 집에서 후지산이 보입니다. 우리 학교에서도 후지산이 보입니다.
   ポンさんは歌が上手です。ギターも上手です。
   폰 씨는 노래를 잘 합니다. 기타도 잘 칩니다.

의지동사와 무의지동사

1) 동작의 주체(주어)의 의지, 의사를 나타낼 수 있는 동사를 의지동사, 나타낼 수 없는 동사를 무의지동사라고 한다.
   あしたまでにレポートを書きます。　　書く : 의지동사
   내일까지 리포트를 씁니다.
   北海道へ行きたいです。　　行く : 의지동사
   홋카이도에 가고 싶습니다.
   机の上に本があります。　　ある : 무의지동사
   책상 위에 책이 있습니다.
   雪が降っています。　　降る : 무의지동사
   눈이 내리고 있습니다.

2) 의지동사는 바람, 의뢰, 금지, 권유 등 여러 문형 표현에 사용된다. 이들 표현에는 무의지동사를 사용할 수 없다. 또한 가능형도 의지동사에서 만든다.
   ○カメラを買いたいです。　카메라를 사고 싶습니다.
   ○100メートル泳げます。　100미터 헤엄칠 수 있습니다.
   ×もっと時間がありたいです。
   ×雪が降ってください。

> 동사 중에는 'わすれる', 'なる', 'いる' 등과 같이 의지동사로도 사용되고 무의지동사로도 사용되는 것들이 있다.
> 卒業したら、ミュージシャンになりたいです。(의지동사)
> 졸업하면 뮤지션이 되고 싶습니다.
> 寒くなりましたが、お元気ですか。(무의지동사)
> 추워졌는데 안녕하십니까?

언어와 문화 정보

動物 동물

象
코끼리

きりん
기린

とら
호랑이

カンガルー
캥거루

しか
사슴

きつね
여우

たぬき
너구리

河馬
하마

ゴリラ
고릴라

しまうま
얼룩말

牛
소

豚
돼지

羊
양

馬
말

鶏
닭

蚊
모기

はえ
파리

ごきぶり
바퀴벌레

はち
벌

からす
까마귀

25 무엇을 할지 벌써 정했습니까?

회화문

다나카 : 이제 곧 문화제이군요.
　　　　김혜정 씨 반은 무엇을 할지 벌써 정했습니까?
김　　 : 네. 모두 함께 뮤지컬을 하겠습니다.
다나카 : 좋은 생각이네요. 어떤 뮤지컬입니까?
김　　 : 비밀입니다. 어떤 뮤지컬인지 기대해 주십시오.
다나카 : 네, 꼭 보러 가겠습니다.
김　　 : 그런데 시간이 별로 없어서 노래를 외울 수 있을지 어떨지 조금 걱정입니다.
다나카 : 괜찮겠지요. 힘내십시오.
김　　 : 감사합니다.

어휘

ユーモア		유머
にんき	人気	인기
し	詩	시
しめきり	締め切り	마감
データ		데이터
はんにん	犯人	범인
てぶくろ	手袋	장갑
～つもり		～을 생각
メンバー		멤버
めんきょ	免許	면허
やちん	家賃	집세
ひあたり	日当たり	햇볕이 듦
ぶんかさい	文化祭	문화제, 학원 축제
ミュージカル		뮤지컬
ひみつ	秘密	비밀
おくれる Ⅱ	遅れる	늦다 (수업 등+に)
かんがえる Ⅱ	考える	생각하다
かくにんする Ⅲ	確認する	확인하다
もうしこむ Ⅰ	申し込む	신청하다 (기관 등+に) (참가 등+を)
でる Ⅱ	出る	떠나다
パンクする Ⅲ		펑크 나다
たのむ Ⅰ	頼む	부탁하다/의뢰하다 (사람+に) (사물+を)
こたえる Ⅱ	答える	대답하다, 회답하다
さそう Ⅰ	誘う	권유하다
とる Ⅰ	取る	따다, 취득하다
かう Ⅰ	飼う	키우다
おぼえる Ⅱ	覚える	외우다

かっこいい		멋있다
—はく／ぱく	—泊	—박 (숙박을 셀 때 사용하는 조수사)
ほかに		그밖에
もうすぐ		곧
かならず	必ず	꼭 , 반드시

みどりまち	みどり町	미도리 마치
しみんセンター	市民センター	시민 센터

문형 설명

이유

1. 彼はユーモアがあるので、人気があります。
그 사람은 유머가 있어서 인기가 있습니다.

● S1(보통형) ので、S2

1) 'S1ので'는 "-어서"라는 뜻으로, S2에서 말하는 내용의 이유를 나타낸다. 'から'도 마찬가지로 이유를 나타내는데, 'から'는 화자가 이유를 말하면서 무엇인가를 주장하는 경우에 사용되는 데 반하여, 'ので'는 인과 관계나 사실 관계를 객관적으로 말하는 표현이다. S2에는 명령 등의 강한 의지표현은 사용하지 않는다. 'ので'도 'から'와 마찬가지로 이유를 나타내는 절 뒤에 온다. ⇒9과

2) 'ので'는 허가를 구하면서 그 이유를 설명하거나, 변명을 할 때도 사용된다. 또한 'S1ので…'라는 형태로 S2가 생략되는 경우도 있다.

3) 'ので' 앞에는 보통형을 사용하는데, な형용사와 명사 보통형의 'だ'는 'な'가 된다.

足が痛いので、タクシーで行きます。　다리가 아파서 택시로 갑니다.
雨なので、タクシーで行きます。　비가 와서(비라서) 택시로 갑니다.

V	みる みない みた みなかった	ので	なA	ひまな ひまじゃない ひまだった ひまじゃなかった	ので
いA	たかい たかくない たかかった たかくなかった	ので	N	あめな あめじゃない あめだった あめじゃなかった	ので

2. 試験は何時に始まるか、教えてください。
시험이 몇 시에 시작되는지 가르쳐 주십시오.

● 의문사를 사용하는 S(보통형) か、~

1) 의문사를 사용하는 의문문이 문장 안에 들어간 표현이다.
   위 예문에서는 'しけんはなんじにはじまりますか'라는 의문문이 들어가 있다.

2) 'か' 앞에는 'なに', 'だれ', 'どこ', 'いつ', 'どう' 등의 의문사를 사용하는 의문문의 보통형을 사용하는데, な형용사와 명사 보통형의 'だ'는 생략된다.

V　　：　　何時に始まる
いA：どの先生が厳しい　　　か、教えてください。
なA：　　　　何が必要
N　　：　　いつが締め切り

　　　몇 시에 시작되는
　　　어느 선생님이 엄한　　　지 가르쳐 주십시오.
　　　무엇이 필요한
　　　언제가 마감인

3. ツアーに行くかどうか、確認します。　투어를 갈지 어떨지 확인합니다.

● S(보통형) かどうか、~

1) 이 문형은 "-지 어떨지"라는 뜻으로, 의문사를 사용하지 않은 의문문이 문장 안에 들어간 표현이다.
   위 예문에서는 'ツアーにいきますか'라는 의문문이 들어가 있다.

2) 'かどうか' 앞에는 보통형을 사용하는데, な형용사와 명사 보통형의 'だ'는 생략된다.

ツアーに行く
ツアーに申し込んだ　　　かどうか、確認します。
海が見える部屋

투어를 갈
투어를 신청했는　　　지 어떨지 확인합니다.
바다가 보이는 방인

4. まだレポートを出していません。 아직 리포트를 제출하지 않았습니다.

● V ていません

1) "- 지 않았다", "- 지 않고 있다"라는 뜻으로, 동작이 아직 일어나지 않았거나 완료되지 않았음을 나타내는 표현이다. 이 문형은 부사 'まだ'와 같이 사용하는 경우가 많다.

  A : もうレポートを出しましたか。 벌써 리포트를 제출했습니까?
  B１: はい、もう出しました。 네, 벌써 제출했습니다.
  B２: いいえ、まだ出していません。
       아니요, 아직 제출하지 않았습니다.

2) 'V ていません'은 V의 동작이 완료되지 않았거나 일어나지 않은 상태가 계속되고 있음을 나타내는 데 반하여, 'V ませんでした'는 어떤 기간 내에 V의 동작이 일어나지 않았다는 사실을 나타낸다.
  わたしはまだ発表の準備をしていません。
  저는 아직 발표 준비를 하지 않았습니다.
  わたしは発表の準備をしませんでした。
  저는 발표 준비를 하지 않았습니다.

---

① みんなでミュージカルをやります。 모두 함께 뮤지컬을 하겠습니다.
  조사 'で'에는 주체를 하나의 집합으로 한정시키는 기능이 있다.
    わたしたちでパーティーの準備をしましょう。
    우리 함께 파티 준비를 합시다.

まだ決めてない。 아직 정하지 않았어.
  회화에서는 줄여서 발음하는 경우가 있다.
    'きめてない'는 'きめていない'의 준말(축약형)이다.
    'Vて' 뒤의 'い'가 생략된다. 'Vている'도 마찬가지로 'Vてる'가 된다.
      あ、雨が降ってる。 앗, 비가 오고 있네.

언어와 문화 정보

不動産情報 부동산 정보

みどりアパート

- 最寄り駅：○○線△△駅 歩10分
  가까운 역：○○선 △△역, 도보 10분

- 種別：アパート築5年
  종별：연립주택, 준공 후 5년

- 2階・南向き
  2층, 남향

- ペット不可
  애완 동물 반입 불가

- 間取り：1K（20㎡）
  방 수：1, 주방 있음(20㎡)

- 家賃：58,000円
  월세：58,000 엔

- 管理費：2,000円／1か月
  관리비：2,000 엔 / 월

- 敷金：1か月
  보증금：월세 1개월 분

- 礼金：2か月
  사례금：월세 2개월 분

- インターネット完備
  인터넷 완비

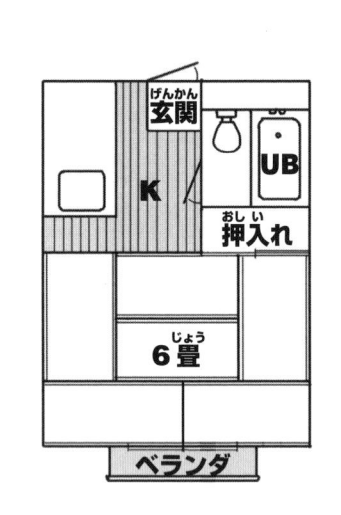

一戸建て 단독 주택   マンション 아파트   和室 다다미 방
洋室 양실, 서양식 방   1畳 1조 (다다미 1장의 면적 =1.65 ㎡)
2LDK 방 2개와 거실 및 식당 겸용 주방   玄関 현관   浴室 욕실
押入れ 수납장   ベランダ 베란다   更新料 계약 갱신료   大家さん 집주인

26 축구 합숙에 참가했을 때 받았습니다

회화문

와타나베 : 호세 씨, 지금부터 경기에 나갑니까?
카를로스 : 네.
와타나베 : 그 공은요?
카를로스 : 이것은 제 보물입니다.
5년 전에 축구 합숙에 참가했을 때 프로 선수에게서 받았습니다.
와타나베 : 그렇군요.
카를로스 : 경기에 나갈 때 항상 가지고 갑니다.
괜찮으면 보러 오지 않겠습니까?
와타나베 : 미안합니다.
오늘은 공항에 친구를 마중 나가야 되거든요…….
카를로스 : 그럼 다음에 보러 와 주십시오.
와타나베 : 네, 꼭 갈게요.

어휘

ほけん	保険	보험
ほけんしょう	保険証	보험증
かしだし	貸し出し	대출
かしだしカード	貸し出しカード	대출 카드, 대출증
ビザ		비자
とっきゅう	特急	특급
とっきゅうけん	特急券	특급권
しん〜	新〜	신〜
せいひん	製品	제품
しんせいひん	新製品	신제품
セルフタイマー		셀프타이머
フラッシュ		플래시
どうが	動画	동영상
ひづけ	日付	날짜
ガイドブック		안내서
りょかん	旅館	여관
ストレス		스트레스
せいふく	制服	제복, 교복
しゃちょう	社長	사장
はなし	話	이야기
ほうこく	報告	보고
ほうこくしょ	報告書	보고서
がっかい	学会	학회
スケジュール		스케줄
ちょうさ	調査	조사
アンケートちょうさ	アンケート調査	설문 조사
けっか	結果	결과
ちょうさけっか	調査結果	조사 결과
はいしゃ	歯医者	치과, 치과 의사
チップ		팁
しょうがくせい	小学生	소학생 (초등학생)

みぶんしょうめいしょ	身分証明書	신분증
たからもの	宝物	보물
がっしゅく	合宿	합숙
プロ		프로
いる　Ⅰ	要る	필요하다
いれる　Ⅱ	入れる	넣다,（전원을）켜다
じゅうでんする　Ⅲ	充電する	충전하다
やすむ　Ⅰ	休む	쉬다
かんじる　Ⅱ	感じる	느끼다
しゅっせきする　Ⅲ	出席する	출석하다(모임 등+に)
さんかする　Ⅲ	参加する	참가하다(행사 등+に)
―パーセント（％）		―퍼센트
またこんど	また今度	다음에 또
よかったら		괜찮으면

げんばくドーム	原爆ドーム	원폭돔
サミットしゃ	サミット社	서미트사
うりば	売り場	매장

26

문형 설명

때를 나타내는 표현, 의무

1. 手紙を書くとき、辞書を使います。　편지를 쓸 때 사전을 사용합니다.

    ● S1 とき、S2

    1) 'とき'는 "때"라는 뜻의 명사로, 두 문장을 이어 준다.
    'とき' 앞에는 명사 수식의 경우와 마찬가지로 보통형이 오는데, な형용사의 'だ'는 'な'가, 명사 보통형의 'だ'는 'の'가 된다.
    言葉の意味が分からないとき、辞書を使います。
    말의 뜻을 모를 때 사전을 사용합니다.
    寒いとき、セーターを着ます。　추울 때 스웨터를 입습니다.
    暇なとき、遊びに行きましょう。　한가할 때 놀러 갑시다.
    子供のとき、野菜が嫌いでした。　어릴 때 야채를 싫어했습니다.

    2) S1이 형용사문이나 명사문인 경우, S2가 과거형이라도 S1은 비과거형을 사용한다.
    ×子供だったとき、野菜が嫌いでした。

2. 国へ帰るとき、両親にお土産を買います。
   国へ帰ったとき、両親にお土産をあげます。

    귀국할 때 부모님께 (드릴) 토산품을 삽니다.
    귀국했을 때 부모님께 토산품을 드립니다.

    ● [V dic.] とき、S
    　 [V た]

    1) V의 동작보다 S의 동작이 먼저 일어날 때, 'とき' 앞에서는 사전형을 사용한다.

    2) S의 동작보다 V의 동작이 먼저 일어날 때, 'とき' 앞에서는 た형을 사용한다.

    'かえるとき'는 화자가 아직 고국에 도착하지 않았고, 도착하기 전에 토산품을 산다는 뜻이다.
    'かえったとき'는 화자가 고국에 도착한 후 토산품을 부모에게 건넨다는 뜻이다.

帰るとき　　　　　　　　　　　　帰ったとき

3. 日本語でレポートを書かなければなりません。

일본어로 리포트를 써야 합니다.

● Vなければなりません

1) "-어야 한다"는 뜻으로, 행위자의 의지와 관계 없이 해야 하는 의무나 필요성을 나타내는 표현이다.

2) 'Vなければならないので…'라는 형태는 권유를 거절할 때 그 이유를 말하는 표현으로도 사용된다.

3) 이 형태는 ない형의 'ない'를 'なければなりません'으로 바꾸어서 만든다.

かく　　かかない　→　かかなければなりません
あう　　あわない　→　あわなければなりません
くる　　こない　　→　こなければなりません

ご飯、作らなきゃ。　밥을 지어야겠다.

'Vなきゃ'는 'Vなければなりません'의 축약형이다.

早く帰らなきゃ。　빨리 돌아가야겠다.

언어와 문화 정보

行政機関（ぎょうせいきかん） 행정 기관

1. 市役所（しやくしょ） 시청

総合受付窓口（そうごううけつけまどぐち）
종합 접수 창구

証明書自動交付機（しょうめいしょじどうこうふき）
증명서 자동 발급기

住民票の写し（じゅうみんひょうのうつし）
주민표 사본 (주민 등록 등본, 초본)

印鑑登録証明書（いんかんとうろくしょうめいしょ）
인감 등록 증명서

出生届（しゅっしょうとどけ） 출생 신고   死亡届（しぼうとどけ） 사망 신고
婚姻届（こんいんとどけ） 혼인 신고   離婚届（りこんとどけ） 이혼 신고
転出届（てんしゅつとどけ） 전출 신고   転入届（てんにゅうとどけ） 전입 신고

2. 省庁（しょうちょう） 성청 (정부 기관)

総務省（そうむしょう） 총무성   法務省（ほうむしょう） 법무성   外務省（がいむしょう） 외무성
財務省（ざいむしょう） 재무성   文部科学省（もんぶかがくしょう） 문부과학성
厚生労働省（こうせいろうどうしょう） 후생노동성   農林水産省（のうりんすいさんしょう） 농림수산성
経済産業省（けいざいさんぎょうしょう） 경제산업성   国土交通省（こくどこうつうしょう） 국토교통성
環境省（かんきょうしょう） 환경성   防衛省（ぼうえいしょう） 방위성

27 언제부터 열이 있는 겁니까?

회화문

다나카 : 네, 스바루 일본어 학원입니다.
스미스 : 여보세요. 마리입니다.
다나카 : 앗, 마리 씨, 무슨 일이 있었습니까?
스미스 : 열이 있어서 오늘은 쉬고 싶은데요, 선생님께 그렇게 전해 주지 않겠습니까?
다나카 : 열이 났습니까? 그거 안됐군요. 언제부터 열이 있는 겁니까?
스미스 : 그저께 저녁부터입니다.
다나카 : 병원에 갔습니까?
스미스 : 아니요. 자면 나을 줄 알았는데, 좀처럼 낫지 않습니다.
다나카 : 그렇군요. 오늘은 꼭 병원에 가십시오.
스미스 : 네, 알겠습니다.
다나카 : 그럼 선생님께 전할게요. 몸조리 잘 하십시오.

어휘

アレルギー		알레르기
かいだん	階段	계단
のど		목구멍
きぶん	気分	기분
せき		기침
かいぎ	会議	회의
しゅっちょう	出張	출장
じきゅう	時給	시급
ウエートレス		웨이트레스
スーツ		슈트, 양복
(お)みまい	(お)見舞い	병 문안
どうそうかい	同窓会	동창회
れんらくさき	連絡先	연락처
ポップコーン		팝콘
かつどう	活動	활동
カウンセラー		카운슬러, 상담원
げいじゅつ	芸術	예술
げいじゅつがくぶ	芸術学部	예술 학부
アドバイス		어드바이스, 조언
ねつ	熱	열
ゆうがた	夕方	저녁
ひく[かぜを～]　Ⅰ	引く[風邪を～]	걸리다 [감기에 ～]
ころぶ　Ⅰ	転ぶ	넘어지다, 구르다
やけどする　Ⅲ		화상을 입다
とまる　Ⅰ	止まる	서다, 멈추다
かよう　Ⅰ	通う	다니다
はんたいする　Ⅲ	反対する	반대하다
しんぱいする　Ⅲ	心配する	걱정하다
つづける　Ⅱ	続ける	계속하다
つたえる　Ⅱ	伝える	전하다
うらやましい		부럽다

なかなか	좀처럼 (부정형과 같이 사용함)
だから	그래서
～が、～。	～는/은데, ～ (뒤에 이어지는 절의 전제를 나타내는 조사)
それはいけませんね。	그거 안됐군요. (병에 걸리거나 다친 사람을 위로하는 표현)

けんじ	겐지

문형 설명

んです

1.
```
A：どうしたんですか。
B：風邪を引いたんです。
```
(B가 기침을 하는 것을 보고) 왜 그러는 겁니까?
감기에 걸렸거든요.

● S(보통형) んです

1) 'んです'는 설명을 요구할 때나 화자가 본인의 상황을 설명할 때 많이 사용된다.

'んです'는 눈 앞에 있는 상대의 상태나 전해 들은 이야기 등 어떤 정보를 상대와 공유하고 있는 것이 전제가 되며, 그 정보에 대하여 자세한 상황 설명을 요구할 때나 그 대답으로 상황을 설명할 때 사용된다.

(B가 학교를 쉰 것을 알고 있는 상황에서)
A：学校を休んだんですか。 학교를 쉰 겁니까?
B：はい。風邪を引いたんです。 네. 감기에 걸렸거든요.

이 회화에서는 A는 B가 학교를 쉬었다는 것을 알고 있고, 그 사실에 대하여 의문을 느끼면서 B에게 묻고 있다. 이에 대하여 B는 '감기에 걸렸다'는 본인의 상황을 설명하고 있다.

2) 'んです' 앞에서는 보통형을 사용하는데, 명사와 な형용사 보통형의 'だ'는 'な'가 된다.

今日行かないんです。 오늘 안 가거든요.
高かったんです。 비쌌거든요.
暇なんです。 한가하거든요.
アレルギーなんです。 알레르기이거든요.

3) 'んです'를 사용한 의문문에 대한 대답이 단순히 사실을 전하는 경우에는 'んです'를 사용하지 않는다. 아래 회화에서 B는 '언제인가'라는 단순한 사실을 전하고 있을 뿐이므로 'なつやすみです'라고 대답하고 있다. 이 외에도 아래와 같이 다양한 대답이 가능하다.

(B가 귀국할 것을 알고 있는 상황에서)
A ：いつ国へ帰るんですか。 언제 귀국할 겁니까?
B1：夏休みです。 여름 방학에요.
B2：夏休みに帰ります。 여름 방학에 돌아갑니다.
B3：夏休みに帰りたいと思っています。
     여름 방학에 돌아가려고 합니다.

B4：夏休みに帰らなければなりません。
　　　여름 방학에 돌아가야 합니다.

'んです'와 'から'는 같이 사용하지 않는다.
×時間がないんですから。

2. 来週出張するんですが、いいホテルを教えてください。
   来週出張なんですが、いいホテルを教えてください。

다음주에 출장 가는데, 좋은 호텔을 가르쳐 주십시오.
다음주에 출장인데, 좋은 호텔을 가르쳐 주십시오.

● S1(보통형) んですが、S2

1) 'んですが'는 상대에게 무엇인가를 부탁하거나, 허가 또는 조언을 구하면서 그 사정을 설명할 때 사용할 수 있다.

2) S1에서 말하는 상황으로 S2의 내용을 추측할 수 있는 경우에는 S2가 생략되는 수도 있다. ⇒ 13과-①

この漢字の読み方がわからないんですが……。
이 한자를 읽는 법을 알 수 없는데요…….
すき焼きを作りたいんですが……。　스키야키를 만들고 싶은데요…….

3. テレビを見ながらご飯を食べます。　텔레비전을 보면서 밥을 먹습니다.

● V1 ながら V2

1) 어떤 사람이 V2의 동작을 할 때 동시에 V1의 동작도 행함을 나타낸다. 시제는 마지막의 동사(V2)로 나타낸다.

2) 그 자리에서 일어나는 동작뿐만 아니라 일정 기간 안에 일어나는 동작도 나타낼 수 있다.

アルバイトをしながら学校に通っています。
아르바이트를 하면서 학교에 다니고 있습니다.

3) 이 형태는 ます형의 'ます'를 'ながら'로 바꾸어서 만든다.

みます → みながら
します → しながら

① 何を着たらいいですか。 무엇을 입으면 좋습니까?
'의문사＋Vたらいいですか'는 상대에게 조언을 구하는 표현이다.
どうしたらいいですか。 어떻게 하면 좋습니까?

② 黒いスーツを着たらどうですか。 검은 양복을 입으면 어떻습니까?
'Vたらどうですか'는 청자에게 그 동작을 하도록 권하는 표현이다.
손윗사람에게 권할 때는 대신 'Vたらいかがですか'를 사용한다.

③ 同窓会に出席していただけませんか。
동창회에 출석해 주실 수 없습니까?
'Vていただけませんか'는 상대에게 무엇인가 해 주기를 바라는 것을 정중히 부탁하는 표현이다.

④ カウンセラーはどうして両親が反対していると思っていますか。
카운슬러는 왜 부모가 반대하고 있다고 생각합니까?
'とおもっています'는 제3자가 생각하는 내용을 말할 때 사용한다.
또한 화자가 과거에서 현재까지 계속 가지고 있는 의견이나 추측을 말할 때도 사용한다.
　　クラスのみんなはわたしがいちばん早く結婚すると思っています。
　　　반의 친구들은 제가 제일 먼저 결혼할 것이라고 생각합니다.
　　わたしはアルバイトをしながら音楽の活動をしたいと思っています。
　　　저는 아르바이트를 하면서 음악 활동을 하고 싶다고 생각합니다.
'とおもいます'는 화자가 자신의 의견이나 추측을 말할 때 사용하는 표현이다. ⇒ 19과-②

① どこへ行くの？ 어디 가는 거야?
반말로는 'んですか'는 'の？'가 되고, 의문을 나타내는 문말 조사 'か'는 붙이지 않는다. 'の？'는 높게 발음한다.

② うらやましいなあ。 부럽군.
'なあ'는 화자가 느낀 것이나 감동한 마음을 나타내는 조사이다.
'なあ' 앞에서는 보통형을 사용한다. 반말 회화 표현이므로 손윗사람에게는 사용하지 않는다.

언어와 문화 정보

薬と診療科 약과 진료과

1. 薬袋
    약 봉지

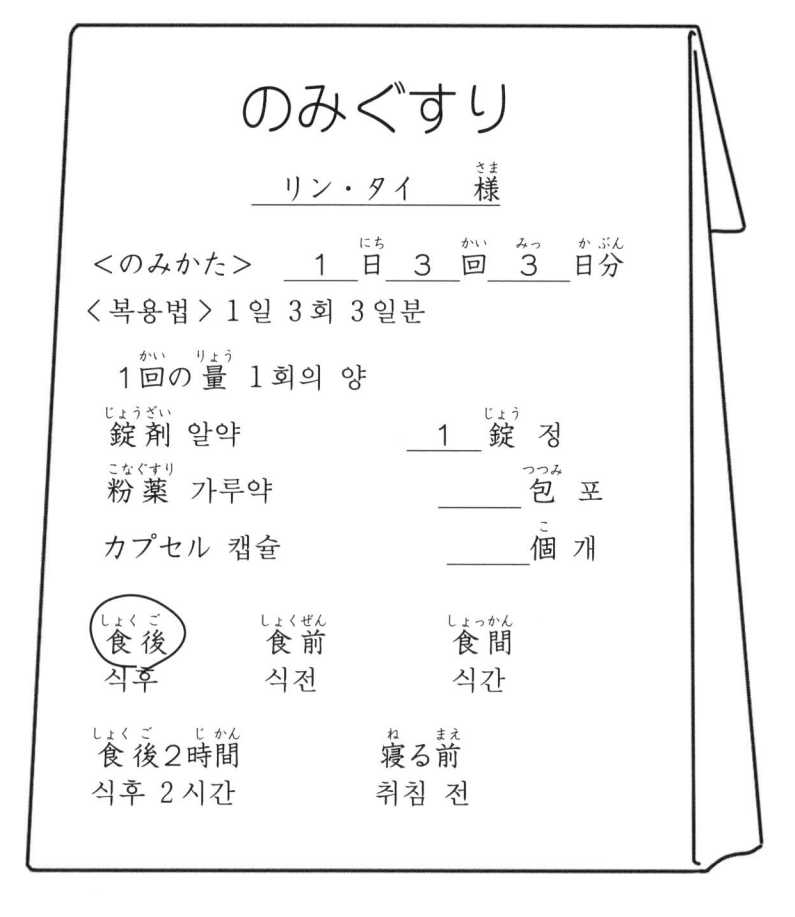

```
       のみぐすり

         リン・タイ   様

<のみかた>   1 日 3 回 3 日分
<복용법> 1일 3회 3일분

      1回の量  1회의 양

    錠剤 알약           1 錠 정
    粉薬 가루약         ___ 包 포
    カプセル 캡슐      ___ 個 개

   (食後)      食前        食間
    식후      식전        식간

    食後 2時間         寝る前
    식후 2시간         취침 전
```

2. 薬の種類   약의 종류

飲み薬 먹는 약, 내복약   塗り薬 바르는 약, 도포약   はり薬 붙이는 약
うがい薬 가글약, 양치질약   風邪薬 감기약   胃薬 위장약
目薬 안약, 눈약   痛み止め 진통제

3. 診療科   진료과

内科 내과   小児科 소아과   外科 외과   整形外科 정형외과
皮膚科 피부과   歯科 치과   耳鼻科 이비과, 이비인후과
眼科 안과   産婦人科 산부인과

まとめ 5

어휘

アイスクリーム		아이스크림
パスポート		패스포트, 여권
せいのう	性能	성능
ガラス		유리
プラスチック		플라스틱
きおん	気温	기온
あまぐ	雨具	우비
〜ばあい	〜場合	〜 경우
としをとる Ⅰ	年を取る	나이가 들다
たのしむ Ⅰ	楽しむ	즐기다
きをつける Ⅱ	気をつける	조심하다
かわる Ⅰ	変わる	변하다
おりる Ⅱ	下りる	내리다
くるしい	苦しい	괴롭다, 힘들다
—ど (℃)	—度	—도
だんだん		점점
はっきり		또렷이
ゆっくり		천천히
じゅうぶん	十分	충분히
しかし		그런데, 그러나
また		또한

28 하늘에 별이 떠 있습니다

회화문

말레 : 조용하네요. 파도 소리가 들리는데요.
스미스 : 바람 소리도 납니다. 저봐요, 하늘에 많은 별들이 떠 있습니다.
말레 : 마리 씨, 저기를 보십시오.
스미스 : 앗, 배가 보이네요. 불이 많이 켜져 있는데요.
말레 : 오징어를 잡고 있거든요.
스미스 : 배의 불빛이 가늘게 흔들리고 있습니다. 로맨틱하네요.
말레 : 조금 더 걸을까요?
스미스 : 네.

어휘

むし	虫	벌레
かぎ		자물쇠, 열쇠
カーテン		커튼
ひきだし	引き出し	서랍
きんこ	金庫	금고
ゆか	床	방바닥
かびん	花瓶	꽃병
しょるい	書類	서류
かいちゅうでんとう	懐中電灯	손전등, 플래시
でんち	電池	전지
あな	穴	구멍
ふくろ	袋	봉지
もうふ	毛布	담요
ニュース		뉴스
ボーナス		보너스
あじ	味	맛
におい		냄새
かぜ	風	바람
おと	音	소리
でんせん	電線	전선
つなみ	津波	해일
じょうほう	情報	정보
しぜん	自然	자연
さいがい	災害	재해
なみ	波	파도
そら	空	하늘
ほし	星	별
いか		오징어, 한치, 꼴뚜기
さいきん	最近	최근
たおれる Ⅱ	倒れる	넘어지다
しまる Ⅰ	閉まる	닫히다

やぶれる Ⅱ	破れる	찢어지다
かかる[かぎが～] Ⅰ		잠기다 [자물쇠가 ～]
ぬれる Ⅱ		젖다
かわく* Ⅰ	乾く	마르다
おちる Ⅱ	落ちる	떨어지다
おれる Ⅱ	折れる	부러지다
きれる Ⅱ	切れる	끊기다, (건전지가) 다 닳다
よごれる Ⅱ	汚れる	더러워지다
できる Ⅱ		생기다, 만들어지다
にこにこする Ⅲ		싱글벙글 웃다
まぜる Ⅱ	混ぜる	섞다, 개다
ふむ Ⅰ	踏む	밟다
のばす Ⅰ	延ばす	밀다
たたむ Ⅰ	畳む	접다, 포개다
する Ⅲ		(맛, 남새, 소리 등이) 나다
とおる Ⅰ	通る	지나가다
キャッチする Ⅲ		잡다, 파악하다
こまる Ⅰ	困る	혼나다
ゆれる Ⅱ	揺れる	흔들리다
くわしい	詳しい	자세하다
うすい	薄い	얇다
あつい*	厚い	두껍다
ほそい	細い	가늘다
ふとい*	太い	굵다
ていねい[な]	丁寧[な]	정성스럽다, 조심스럽다
へん[な]	変[な]	이상하다
せいかく[な]	正確[な]	정확하다
ロマンチック[な]		로맨틱하다
さっき		아까
できるだけ		가능한 한

28

ですから	그러니까 ('だから'의 정중한 표현)
ほら	이봐, 저봐
〜によると	〜에 따르면
だからなんですね。	그래서 그러는군요. ／ 그래서 그렇군요.
これでいいですか。	이러면 됩니까?

문형 설명

상태1, 전문

1. 自転車が倒れています。　자전거가 넘어져 있습니다.

   ● N が V ています

   1) 'V ています'는 어떤 동작이나 작용의 결과로서 생기는 상태를 나타낸다. 눈 앞에 있는 그 상태를 설명하거나, 그 상태를 처음으로 인식했을 때 많이 사용된다.
   'じてんしゃがたおれています'는 자전거가 넘어지고 그 상태가 계속되고 있음을 나타낸다.

   2) 이 표현에서 사용되는 동사는 'たおれる', 'とまる'와 같은 자동사(동작의 대상이 없는 동사)로 순간적인 변화를 나타내는 동사이다.

   3) 주어는 'が'로 나타낸다.

   > 'V ています'에 관해서는 지금까지 다음과 같은 용법을 배웠다.
   > キムさんは今漢字を書いています。
   > 김혜정 씨는 지금 한자를 쓰고 있습니다. ⇒ 15과
   > ナルコさんは結婚しています。　나르코 씨는 결혼했습니다. ⇒ 16과
   > ナルコさんは大学で働いています。
   > 나르코 씨는 대학에서 일하고 있습니다. ⇒ 16과

2. 新聞で読んだんですが、新しい空港ができるそうです。
   신문에서 읽었는데 새 공항이 생긴다고 합니다.

   ● S(보통형) そうです

   1) 읽거나 들은 정보를 그대로 전하는 표현이다.
   회화에서는 '～んですが'가 정보의 출처를 나타내는 전제문으로 사용되는 경우가 많다.

   2) 'そうです' 앞에서는 보통형을 사용한다.
   50年前ここは海だったそうです。　50년전 여기는 바다였답니다.
   ゆり大学の入学試験はとても難しいそうです。
   유리 대학의 입학시험은 매우 어렵답니다.
   今週の会議はないそうです。　이번 주 회의는 없답니다.

3. 字を大きく 書いてください。　글씨를 크게 써 주십시오.
   字をきれいに書いてください。　글씨를 예쁘게 써 주십시오.

   ● [いA く] V
   　 [なA に]

   형용사로 동사를 수식할 때는 다음과 같이 부사로 바꾸어서 사용한다.

   　　　い A : おおきい → おおきく
   　　　　　　ちいさい → ちいさく
   　　　　　 *いい　 →　よく
   　　　な A :　きれい → きれいに
   　　　　　　しずか → しずかに

   あとで詳しく説明します。　나중에 자세히 설명하겠습니다.
   病院では静かに歩いてください。　병원에서는 조용히 걸어 주십시오.

4. この牛乳は変な味がします。　이 우유는 이상한 맛이 납니다.

   ● N(맛/냄새/소리/목소리) がします

   맛이나 냄새, 소리, 목소리가 난다는 표현이다.

---

① もう少し歩きましょうか。　조금 더 걸을까요?
   1) 'ましょうか'는 "- ㄹ까"라는 뜻으로, 화자가 청자에게 같이 가자고 권유하거나 부추기는 표현이다.
   2) 이 형태는 ます형의 'ます'를 'ましょうか'로 바꾸어서 만든다.
   　　あるきます → あるきましょうか
   　　やすみます → やすみましょうか

② 台風で橋が壊れました。　태풍으로 다리가 파괴되었습니다.
   'で'는 원인을 나타내는 조사이다. 자연재해나 사고 등을 나타내는 명사와 같이 사용한다.

③ 調査によると、毎日小さい地震が起きているそうです。
   조사에 따르면 매일 작은 지진이 일어나고 있다고 합니다.
   'Nによると'는 "- 에 따르면"이라는 뜻으로, 정보의 출처를 나타낸다.
   'よんだんですが', 'きいたんですが'보다 격식을 갖춘 표현이다.

타동사와 자동사

1) 대상어를 동반하는 동사를 타동사(Vt.), 대상어를 동반하지 않는 동사를 자동사(Vi.) 라고 한다.

 テレビを見ます。 텔레비전을 봅니다.   타동사
 ドアを開けます。 문을 엽니다.   타동사
 銀行があります。 은행이 있습니다.   자동사
 ドアが開きます。 문이 열립니다.   자동사

2) 타동사는 동작주의 행위에 초점을 맞추어 말할 때 사용한다. 자동사는 행위의 결과나 변화에 주목하여 말할 때 사용한다.

  ドアを開けます。(Vt.)   ドアが開きます。(Vi.)

3) 자동사 중에는 대응하는 타동사를 가진 것이 있다.
 (⇒메인 텍스트 p.136)

 'Vています'는 타동사의 경우와 자동사의 경우 각각 다음과 같은 뜻이 된다.

 타동사 : ドアを閉めています。 문을 닫고 있습니다.
 자동사 : ドアが閉まっています。 문이 닫혀 있습니다.

4) 'いく', 'くる', 'かえる', 'およぐ', 'あるく', 'はしる' 등은 동작주의 의도적인 행위를 나타내는 자동사이다.

언어와 문화 정보

28
災害 재해

1. 自然災害 자연재해

台風・ハリケーン・サイクロン
태풍, 허리케인, 사이클론

地震
지진

津波
해일

噴火
분화

山火事
산불

雪崩
눈사태

竜巻
회오리바람, 용오름

洪水
홍수

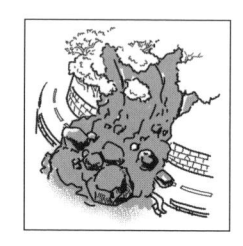

土砂崩れ
산사태

2. 防災セット 방재 세트, 재난 대비 용품 세트　　防災リュック 방재 배낭, 비상용 배낭

水 물　　薬 약　　タオル 타월

まくら 베개　　手袋 장갑　　マスク 마스크

カイロ 손난로, 휴대용 난방　　電池 전지

ビニール袋 비닐봉지　　懐中電灯 손전등, 플래시

ラジオ 라디오　　非常食 비상식, 비상식량

29 책임이 있는 일이고, 새로운 경험을 할 수 있고……

회화문

스미스 : 아니, 노구치 씨, 이사를 갑니까?
노구치 : 응, 후쿠오카로 전근 가게 됐거든.
스미스 : 넷, 정말입니까? 너무 갑작스럽네요.
노구치 : 응. 후쿠오카에 지점이 생겨서 내가 가게 된 거야.
스미스 : 그렇군요.
노구치 : 책임이 있는 일이고, 새로운 경험을 할 수 있고…….
스미스 : 그렇군요. 섭섭하네요.
노구치 : 학원 학생들과 같이 놀러 와요. 5명 정도라면 우리 집에 묵을 수 있거든.
스미스 : 네?
노구치 : 오래됐지만 넓은 집을 빌리기로 했거든.
스미스 : 그렇군요. 감사합니다.

어휘

みどり	緑	녹색, 나무
がくしょく	学食	학생 식당
ねだん	値段	값
りょう	量	양
メニュー		메뉴
えいよう	栄養	영양
バランス		밸런스
メモ		메모
とかい	都会	도시
いなか	田舎	시골
がいしょく	外食	외식
じすい	自炊	자취
しゅうしょく	就職	취직, 취업
こうこく	広告	광고
してん	支店	지점
システム		시스템
しんにゅう～	新入～	신입～
しゃいん	社員	사원
しんにゅうしゃいん	新入社員	신입 사원
せんもん	専門	전문
けんしゅう	研修	연수
フレックスタイム		자율 근무제
せきにん	責任	책임
えいぎょうする Ⅲ	営業する	영업하다
きがつく Ⅰ	気がつく	눈치를 채다, 눈치가 빠르다
とめる Ⅱ	泊める	숙박시키다
たいそうする Ⅲ	体操する	체조하다
きまる Ⅰ	決まる	정해지다

だす Ⅰ	出す	내다 (신문 등 + に) (광고 등 + を)
かいはつする Ⅲ	開発する	개발하다
かえる Ⅱ	変える	바꾸다
ぼしゅうする Ⅲ	募集する	모집하다
てんきんする Ⅲ	転勤する	전근하다, 전근을 가다
あかるい	明るい	밝다, 명랑하다
がまんづよい	我慢強い	참을성이 있다
ほうふ [な]	豊富 [な]	풍부하다, 다양하다
きれいずき [な]	きれい好き [な]	깨끗한 것을 좋아하다
かっぱつ [な]	活発 [な]	활발하다
あんぜん [な]	安全 [な]	안전하다
じゆう [な]	自由 [な]	자유롭다
きゅう [な]	急 [な]	갑작스럽다
いっしょうけんめい	一生懸命	열심히
ずいぶん		상당히, 너무
～けど、～。		～지만, ～. (보통체 회화에서 사용함)

すばるでんき	すばる電気	스바루 전기
みどりでんき	みどり電気	미도리 전기
サミットでんき	サミット電気	서미트 전기

문형 설명

병렬, 결정

29

1. ここは静かだし、人が親切だし、いい町です。

여기는 조용하고 사람들이 친절하고 좋은 동네입니다.

● S(보통형) し、~

1) 서로 비슷한 평가 내용들을 나열하면서 그 외에도 말할 내용이 있다는 뉘앙스를 나타내는 표현이다.

この会社は給料が安いし、残業が多いし、休みが少ないです。

이 회사는 급료가 싸고, 야근이 많고, 휴가가 적습니다.

Aさんは、まじめだし、明るいし、それに話が上手です。

A 씨는 성실하고 명랑하고, 게다가 말을 잘합니다.

'S し'의 수에는 제한이 없다.

みどり大学の学食は安いし、おいしいです。

미도리 대학의 학생 식당은 싸고 맛있습니다.

2) 문장 끝에 판단이나 결론을 나타내는 절이 오는 경우 'S し'는 판단의 근거나 이유 등을 나타내면서 그 외에도 이유나 근거가 있음을 암시한다. 또한 결론을 분명히 말하지 않고 'S し'만 말하는 경우도 있다.

バスが来ないし、タクシーで行きました。

버스가 오지 않고 해서 택시로 갔습니다.

みどり大学を受けたいです。有名な先生がいるし……。

미도리 대학에 응시하고 싶습니다. 유명한 선생님이 계시고 해서…….

3) 서로 비슷한 평가들을 늘어놓는 표현이므로, 주격을 나타내는 조사로 'も'를 사용하는 경우도 있다.

この仕事は給料も安いし、残業も多いし、早く辞めたいです。

이 일은 급료도 싸고, 야근도 많고, 그래서 빨리 그만두고 싶습니다.

2. わたしは今日からジョギングをすることにしました。
わたしは今日からお酒を飲まない ことにしました。

저는 오늘부터 조깅을 하기로 했습니다.

저는 오늘부터 술을 마시지 않기로 했습니다.

● [V dic.] ことにしました
　[V ない]

1) 'ことにしました'는 이미 결정한 내용을 말하는 표현이다.
2) 아직 실천하지 않았더라도 이미 결정한 내용을 말할 때는 이 표현을 사용한다.

わたしは来月帰国することにしました。
저는 다음 달에 귀국하기로 했습니다.

3. 来週の会議は２階の会議室ですることになりました。
   来週の会議はしない　　　　　　ことになりました。

다음주 회의는 2층 회의실에서 하게 되었습니다.
다음주 회의는 안 하게 되었습니다.

● [V dic.] ことになりました
  [V ない]

'ことになりました'는 본인의 의지로 결정한 것이 아니라, 다른 사람들과 의논해서 결정했거나 다른 사람의 명령에 의해서 결정된 내용을 나타낼 때 사용하는 표현이다.

4. 山田さんは来週ドイツへ出張することになっています。
   うちの会社では水曜日残業しない　ことになっています。

야마다 씨는 다음주에 독일에 출장 가게 되어 있습니다.
우리 회사에서는 수요일에 야근을 하지 않게 되어 있습니다.

● [V dic.] ことになっています
  [V ない]

'ことになっています'는 이미 결정된 예정이나 조직의 규칙, 습관의 내용을 나타낸다.

---

① この仕事は責任のある仕事です。　이 일은 책임이 있는 일입니다.
명사수식절의 주어를 나타내는 'が' 대신에 'の'가 사용되는 경우도 있다.

② 古いけど、広いうちを借りた。　오래됐지만 넓은 집을 빌렸다.
'けど'는 "-지만"이라는 뜻의 접속조사로 회화에서 사용된다.

福岡へ転勤することになったんだ。
후쿠오카로 전근 가게 됐거든요.
'んだ'는 'んです'의 보통형이다.

언어와 문화 정보

求人情報(きゅうじんじょうほう) 구인 정보

すばる電気(でんき) 스바루 전기
正社員募集(せいしゃいんぼしゅう) 정사원 모집

職種(しょくしゅ) 직종:事務(じむ) 사무직
給与(きゅうよ) 급여:20万円(まんえん)/月(つき) 20만 엔/월
勤務時間(きんむじかん) 근무 시간:9:00〜17:00 昼休(ひるやす)み 점심 시간:12:00〜13:00
週休(しゅうきゅう)2日(ふつか) 주 5일 근무 有休(ゆうきゅう) 유급 휴가:年10日(ねんとおか) 연 10일
賞与(しょうよ) 상여:年2回(ねんかい) 연 2회
※交通費支給(こうつうひしきゅう) 교통비 지급
※社会保険完備(しゃかいほけんかんび) 사회 보험 완비
※経験不問(けいけんふもん) 경험 불문
※履歴書(りれきしょ)(写真添付(しゃしんてんぷ))郵送(ゆうそう) 이력서(사진 첨부) 우송 접수

スバルスーパー
パート・アルバイト募集(ぼしゅう)
스바루 슈퍼
파트, 아르바이트 모집

職種(しょくしゅ) 직종:レジ係(がかり) 계산원, 캐셔
時給(じきゅう) 시급:850円(えん)〜1,000円(えん)
交通費支給(こうつうひしきゅう)(1,000円(えん)まで)
교통비 지급(1,000 엔까지)
勤務時間(きんむじかん)・曜日(ようび):応相談(おうそうだん)
근무 시간, 요일 : 협의

30 제과 전문학교에 들어가려고 생각하고 있습니다

회화문

다나카 : 김혜정 씨는 졸업 후 어떻게 할 겁니까?
김　　 : 저는 제과 전문학교에 들어가려고 생각하고 있습니다.
　　　　 장차 귀국해서 제 가게를 가지고 싶어서요.
다나카 : 김혜정 씨 가게를요?
김　　 : 네, 좋은 재료를 사용해서 맛있는 케이크를 만들고 싶거든요.
다나카 : 좋은 생각이네요. 린 씨는요?
린　　 : 저는 귀국해서 여행 회사를 차리려고 생각하고 있습니다.
다나카 : 김혜정 씨도 린 타이 씨도 자신의 장래에 대해서 잘 생각하고 있군요. 꿈을 실현시키기 위해서 힘내십시오.

어휘

よてい	予定	예정
いぬごや	犬小屋	개집
うさぎ		토끼
はなたば	花束	꽃다발
ぼうえんきょう	望遠鏡	망원경
けんこう	健康	건강
かんけい	関係	관계
にんげんかんけい	人間関係	인간관계
あいさつ		인사
かいがい	海外	해외
さばく	砂漠	사막
いど	井戸	우물
ひょうご	標語	표어
じぶん	自分	본인, 스스로
～ご	～後	～후
そつぎょうご	卒業後	졸업 후
ためる　Ⅱ		모으다, 저축하다
こくはくする　Ⅲ	告白する	고백하다
うえる　Ⅱ	植える	심다
ほる　Ⅰ	掘る	파다
たてる　Ⅱ	建てる	짓다, 건축하다
あたためる　Ⅱ	温める	데우다
まもる　Ⅰ	守る	지키다, 보호하다
じつげんする　Ⅲ	実現する	실현시키다
おく	億	억
もっと		더
～ために、～		～기 위해서, ～

| いこうけい | 意向形 | 의향형 |
| ＡＴＭ（エーティーエム） | | 현금 자동 입출금기 |

문형 설명

의향형, 목적 1

1. 의향형

1) 이 과에서는 화자의 의지를 나타내는 의향형을 익히겠다.
이 형태를 만드는 방법은 다음과 같다.
Ⅰ그룹: 사전형의 끝 음절 '-u'를 '-oう'로 바꾼다.
Ⅱ그룹: 사전형의 'る'를 'よう'로 바꾼다.
Ⅲ그룹: 'くる→こよう', 'する→しよう'

	V dic.	V(의향형)			V dic.	V(의향형)	
Ⅰ	かう	かおう	う→お				
	かく	かこう	く→こ	Ⅱ	たべる	たべよう	
	いそぐ	いそごう	ぐ→ご		ねる	ねよう	る→よう
	はなす	はなそう	す→そ		おきる	おきよう	
	まつ	まとう	つ→と		かりる	かりよう	
	しぬ	しのう	ぬ→の	Ⅲ	くる	こよう	
	あそぶ	あそぼう	ぶ→ぼ		する	しよう	
	よむ	よもう	む→も				
	かえる	かえろう	る→ろ				

2) 의향형은 'Vましょう'의 보통체로, 보통체 회화에서 사용되며, 표어에서도 사용된다.
ごみはごみ箱に捨てよう！ 쓰레기는 쓰레기통에 버리자!

2. わたしは冬休み北海道へ行こうと思っています。
저는 겨울 방학에 홋카이도에 가려고 생각하고 있습니다.

● V(의향형)と思っています

1) 화자가 본인이 앞으로 하려고 하는 것을 말하는 의지 표현이다.
하려고 생각하는 내용은 인용을 나타내는 조사 'と'로 표현한다.

2) '의향형とおもっています'와 '의향형とおもいます'는 용법이 비슷하나, '의향형とおもっています'가 제3자의 의지를 나타낼 수 있는 데 반하여, '의향형とおもいます'는 화자의 의지만 나타낼 수 있다.

○山田さんは会社を辞めようと思っています。
　　야마다 씨는 회사를 그만두려고 생각하고 있습니다.
×山田さんは会社を辞めようと思います。

3. レポートを書くために、資料を集めています。
　　発表の　　　　ために、資料を集めています。

리포트를 쓰기 위해서 자료를 수집하고 있습니다.
발표를 위해서 자료를 수집하고 있습니다.

● [V dic.] ために、S
　 [N の　]

1) 목적을 나타내는 표현으로, V 나 N 이라는 목적의 실현을 위해서 S 를 한다는 뜻이다. 'ために' 앞의 V 나 N 은 화자의 의지로 이루려는 목적을 나타낸다. V 는 의지동사를 사용하는 경우가 많으며, 가능형 등은 사용할 수 없다.

2) 명사가 사람이나 조직인 경우에는 '(N)이 이익을 얻거나 은혜를 입도록'이라는 의미가 될 수도 있다.
　　家族のために、働いています。　가족을 위해서 일하고 있습니다.

ラーメン、食べようか。　라면 먹을까?

'Vましょうか'의 보통체는 'V(의향형)か'이다.

　　ラーメン、食べましょうか。 → ラーメン、食べようか。
　　라면 먹을까요?　　　　　　　　라면 먹을까? (권유)
　　手伝いましょうか。　　　　　→ 手伝おうか。
　　도와 드릴까요?　　　　　　　　도와줄까? (제안)

언어와 문화 정보

交通と標語 교통과 표어

1. 道路・交通 도로, 교통

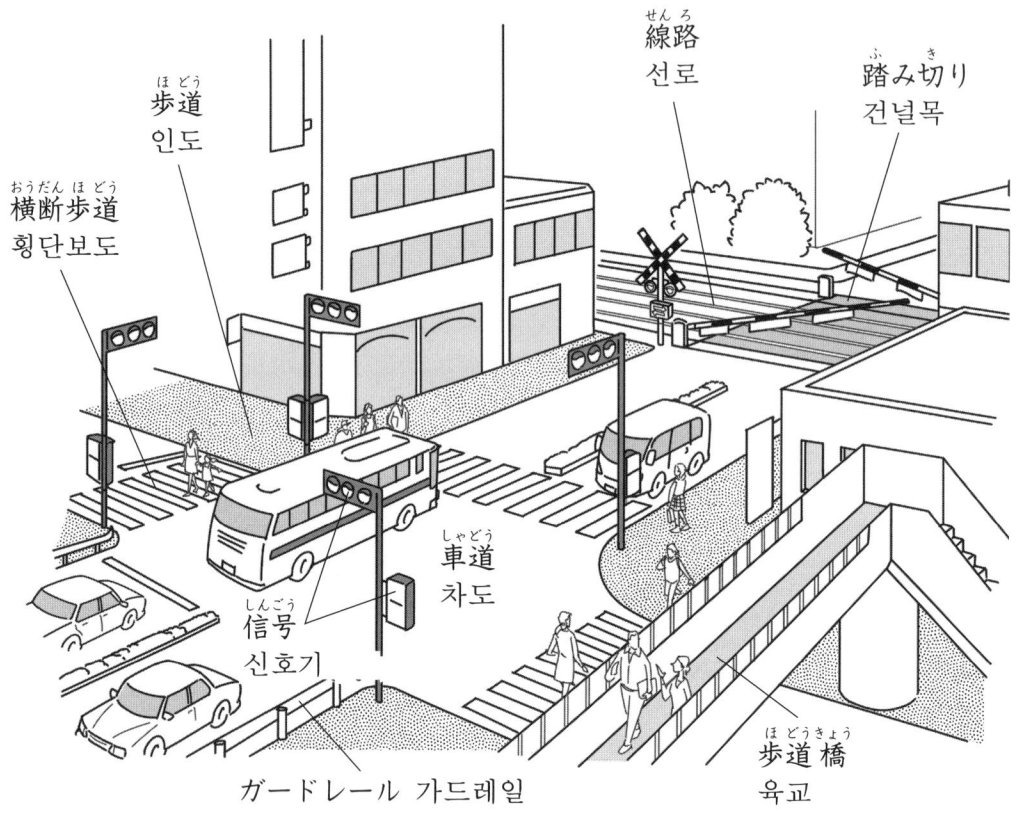

- 歩道 인도
- 横断歩道 횡단보도
- 線路 선로
- 踏み切り 건널목
- 車道 차도
- 信号 신호기
- ガードレール 가드레일
- 歩道橋 육교

2. 安全のための標語 안전을 위한 표어

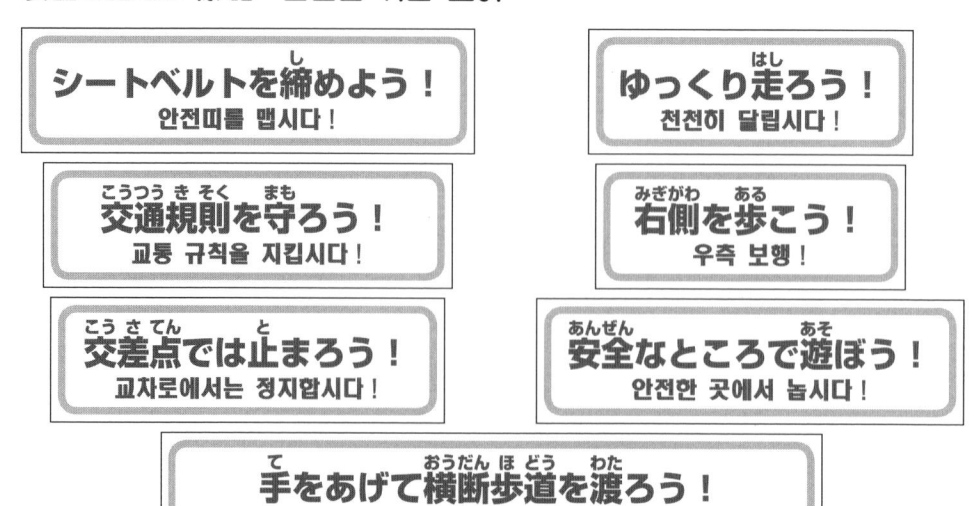

| シートベルトを締めよう！ |
| 안전띠를 맵시다！ |

| ゆっくり走ろう！ |
| 천천히 달립시다！ |

| 交通規則を守ろう！ |
| 교통 규칙을 지킵시다！ |

| 右側を歩こう！ |
| 우측 보행！ |

| 交差点では止まろう！ |
| 교차로에서는 정지합시다！ |

| 安全なところで遊ぼう！ |
| 안전한 곳에서 놉시다！ |

| 手をあげて横断歩道を渡ろう！ |
| 손을 들고 횡단보도를 건넙시다！ |

31 내일까지 봐 두겠습니다

회화문

스즈키 : 폰 씨는 응시할 대학을 벌써 정했습니까?
차차이 : 네, 유리 대학과 미도리 대학에 응시하려고 생각하고 있습니다.
스즈키 : 졸업 증명서와 성적 증명서는요?
차차이 : 고등학교에 의뢰해 두었으니까 곧 도착할 것입니다.
　　　　저…….
스즈키 : 뭡니까?
차차이 : 원서를 썼는데 봐 주지 않으시겠습니까?
스즈키 : 네, 좋습니다. 내일까지 봐 두겠습니다.
차차이 : 감사합니다. 잘 부탁합니다.

어휘

くつした	靴下	양말
ホワイトボード		화이트보드
プラグ		플러그
かべ	壁	벽
ざぶとん	座布団	방석
ひじょうぐち	非常口	비상구
あんない	案内	안내
ひょう	表	표
スケジュールひょう	スケジュール表	스케줄표
スクリーン		스크린
ちゃいろ	茶色	갈색
エーА4		A4
マラソン		마라톤
しみんマラソン	市民マラソン	시민 마라톤
いいんかい	委員会	위원회
じゅんびいいんかい	準備委員会	준비 위원회
たいかい	大会	대회
マラソンたいかい	マラソン大会	마라톤 대회
とどけ	届け	신고
コース		코스
がいこく	外国	외국
ポスター		포스터
ランナー		런너, 주자
せいこう	成功	성공
しょうめいしょ	証明書	증명서
そつぎょうしょうめいしょ	卒業証明書	졸업 증명서
がんしょ	願書	원서
まわり	周り	주변
かたづける Ⅱ	片付ける	치우다, 정리하다
ひやす Ⅰ	冷やす	차게 하다

かざる　Ⅰ	飾る	장식하다
しまう　Ⅰ		치우다, 넣다, 간수하다
かくす　Ⅰ	隠す	숨기다
けす　Ⅰ	消す	지우다
しめる　Ⅱ	閉める	닫다
かける[かぎを～]　Ⅱ		채우다[자물쇠를～], 잠그다
そのままにする　Ⅲ		그대로 두다, 방치하다
だす　Ⅰ	出す	꺼내다
はる　Ⅰ	張る	붙이다(물건＋に)(물건＋を)
かける　Ⅱ	掛ける	걸다(장소＋に)(물건＋を)
じゅけんする　Ⅲ	受験する	수험하다, 시험에 응시하다
あぶない	危ない	저속하다
ふくざつ[な]	複雑[な]	복잡하다
いよいよ		드디어
そのほかに		그밖에
けっこうです。	結構です。	됐습니다. (정중히 거절할 때 사용함)
どうなっていますか。		어떻게 돼 있습니까?

B４（ビー）　　　　　　　　　　B4

문형 설명

준비, 상태 2

1. 旅行に行くまえに、ガイドブックを読んでおきます。

여행을 가기 전에 여행 안내서를 읽어 두겠습니다.

- ● V ておきます

1) 나중에 일어날 일을 위해서 미리 무엇인가를 함(V)을 나타내는 표현이다.

2) 다음에 사용할 것에 대비해서 필요한 준비를 한다는 뜻을 나타내는 경우도 있다.

会議が終わったら、机を片付けておきます。

회의가 끝나면 테이블을 정리해 두겠습니다.

2. 窓を開けておきます。 창문을 열어 두겠습니다.

- ● V ておきます

현재의 V의 상태를 바꾸지 않고 그대로 유지한다는 뜻으로도 'V ておきます'를 사용한다. 문맥이나 상황에 따라서 준비의 뜻이 되기도 하고 방치의 뜻이 되기도 한다.

A : 窓を閉めましょうか。 창문을 닫을까요?

B : いいえ、開けておいてください/そのままにしておいてください。

아니요, 열어 두십시오./그대로 두십시오.

3. 壁に地図が張ってあります。 벽에 지도가 붙어 있습니다.

- ● N が V てあります

1) 타동사를 동반하여 N의 현재 상태가 어떤지를 말하는 표현이다. 'V ています'와 흡사하나 'V てあります'는 어떤 목적이나 이유가 있어서 사람이 의도적으로 지금 상태를 만들었음을 나타낸다. ⇒ 28과

A : あ、窓が開いていますよ。閉めましょうか。

앗, 창문이 열려 있습니다. 닫을까요?

B : 今から掃除するので、開けてあるんですよ。

지금부터 청소를 하니까 열어 둔 것입니다.

2) 준비 상황을 나타내는 수도 있다.

A : 通訳は頼んでありますか。 통역은 의뢰해 두었습니까?

B : はい、もう頼んであります。 네, 이미 의뢰해 두었습니다.

4. ゆうべお酒を飲みすぎました。　어제 술을 지나치게 마셨습니다.

● $\begin{bmatrix} V \\ いAい \\ なA \end{bmatrix}$ すぎます

1) 'すぎます'는 "지나치게 ~한다"는 뜻으로, 동사에 붙을 때는 그 동작이 지나쳐서 부적절하다고 느끼고 있음을 나타낸다. 이 형태는 'ます'를 'すぎます'로 바꾸어서 만든다.

のみます → のみすぎます
たべます → たべすぎます

2) 'すぎます'가 형용사에 붙을 경우에는 현재의 상태가 통상적인 범위를 넘어서서 적절하지 않음을 나타낸다.
この問題は難しすぎます。　이 문제는 너무 어렵습니다.
この問題は複雑すぎます。　이 문제는 너무 복잡합니다.
い형용사는 'い'를 'すぎます'로 바꾸고, な형용사는 뒤에 'すぎます'를 붙인다.

いA：ちいさい → ちいさすぎます
　　　ながい → ながすぎます
なA：ふくざつ → ふくざつすぎます

3) 'すぎます'는 Ⅱ그룹의 동사로서 활용한다.
勉強しすぎて、頭が痛いです。　너무 많이 공부를 해서 머리가 아픕니다.

5. 髪を短くします。　머리카락을 짧게 합니다.

● $\begin{bmatrix} いAく \\ なAに \\ Nに \end{bmatrix}$ します

1) 변화를 나타내는 표현으로, 대상이 되는 것을 의도적으로 변화시킴을 나타낸다.

2) い형용사는 'い'를 'く'로 바꾸고, な형용사와 명사는 뒤에 'に'를 붙인 후에 'します'를 접속시킨다.
髪をきれいにします。　머리카락을 깨끗하게 합니다.
髪を茶色にします。　머리카락을 갈색으로 합니다.

いA： みじかい → みじかく　⎫
　　　＊いい　 →　よく　　　⎬ します
なA： きれい　 → きれいに　 ⎪
N　： ちゃいろ → ちゃいろに ⎭

언어와 문화 정보

美容院・理髪店 미용실, 이발소
(びよういん・りはつてん)

1. メニュー 메뉴

Menu
- パーマ 파마
- カット 커트
- シャンプー 샴푸
- ブロー 헤어 드라이
- セット 세팅
- トリートメント 트리트먼트
- ヘアカラー 염색

2. 役に立つ表現 유용한 표현
(やくにたつひょうげん)

まゆの上でそろえてください。
눈썹 위에서 가지런히 잘라 주십시오.

まゆが隠れるくらいにしてください。
눈썹이 가려질 정도로 해 주십시오.

段をつけてください。
층을 내 주십시오.

耳を出してください。
귀가 나오게 해 주십시오.

すいてください。
숱을 쳐 주십시오.

後ろを刈り上げてください。
뒷머리를 밀어 주십시오.

このヘアスタイルにしてください。
이 헤어스타일로 해 주십시오.

3. ヘアスタイル 헤어스타일

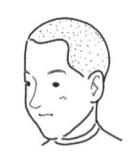

丸刈り
까까머리

スポーツ刈り
스포츠 머리

五分刈り
5푼(약 1.5 센티미터) 정도 길이로 깎은 머리

32 사과 껍질은 벗기지 않는 것이 좋습니다

회화문

와타나베 : 톰 씨, 차라도 어떻습니까?
조던 　 : 감사합니다. 그럼 한 잔 마시겠습니다.
　　　　　와, 사과가 크군요 (큰 사과군요).
와타나베 : 네. 어머니가 보내 준 거거든요.
조던 　 : 그렇군요.
　　　　　아니, 와타나베 씨는 껍질을 벗기고 먹습니까?
와타나베 : 네, 톰 씨는 껍질을 벗기지 않고 먹습니까?
조던 　 : 네. 사과 껍질은 맛있고 영양이 있거든요.
　　　　　그래서 벗기지 않는 것이 좋습니다.
와타나베 : 그럼 벗기지 말고 먹읍시다.

어휘

よぼう	予防	예방
よぼうちゅうしゃ	予防注射	예방 주사
マスク		마스크
うがい		양치질
ビタミンC		비타민 C
よふかし	夜更かし	밤 늦게까지 자지 않음
まいご	迷子	미아
ローラースケート		롤러스케이트
サングラス		선글라스
おめん	お面	가면, 탈
きぼう	希望	희망
ほうちょう	包丁	식칼, 부엌칼
かわ	皮	껍질
ケチャップ		케첩
けいかく	計画	계획
あん	案	안
けいかくあん	計画案	계획안
あそび	遊び	놀이
ボールあそび	ボール遊び	공놀이
きっさてん	喫茶店	커피숍, 다방
ご~		(정중함이나 경의를 나타내는 접두사〈주로 중국어에서 온 어휘에 붙음〉)
(ご)いけん	(ご)意見	의견
お~*		(정중함이나 경의를 나타내는 접두사〈주로 일본어 고유어에 붙음〉)
みらい	未来	미래
きょうみ	興味	흥미, 관심
はやる Ⅰ		유행하다
とる Ⅰ	取る	섭취하다

つける　Ⅱ		장착하다, 찍다
むく　Ⅰ		벗기다, 까다
きんしする　Ⅲ	禁止する	금지시키다
あたる　Ⅰ	当たる	부딪치다 / 맞다 (사람, 물건 1 ＋に) (물건 2 ＋が)
とぶ　Ⅰ	飛ぶ	날다 (하늘＋を)
いただく　Ⅰ	頂く	먹다, 마시다, 받다 (겸양어)
ゆっくり		편히
―はい／ばい／ぱい	―杯	―잔 (컵 등에 든 마실것을 셀 때 사용하는 조수사)
～でも		～라도
～をおねがいします。	～をお願いします。	～를 부탁합니다, ～를 말해 주십시오

32

문형 설명

조언, 추량1, 부대상황 (附帶狀況)

1. ゆっくり休んだ　ほうがいいです。
   あまり無理をしないほうがいいです。

   편히 쉬는 것이 좋습니다.
   너무 무리를 하지 않는 것이 좋습니다.

   ● [Vた / Vない] ほうがいいです

   1) 상대에게 조언이나 충고를 할 때 사용하는 표현이다. 이 표현에는 조언이나 충고를 따르지 않으면 곤란해질 것이라는 뉘앙스가 있다. 문장 끝에는 종조사 'よ'를 붙이는 경우가 많다.
      インフルエンザがはやっていますから、予防注射をしたほうがいいですよ。
      인플루엔자가 유행하고 있으니까 예방 주사를 맞는 것이 좋습니다.

   2) 이 표현은 경우에 따라서는 강요하는 듯한 인상을 주므로 손윗사람에게는 사용하지 않는다. 사용할 때는 주의할 필요가 있다.

2. 今晩雪が降るかもしれません。　오늘 밤 눈이 내릴지도 모릅니다.

   ● S(보통형) かもしれません

   1) "-을지도 모른다"는 뜻으로, 미래의 일이나 불확실한 일에 대하여 혹시 그렇게 될 수도 있다, 혹은 그렇게 됐을 가능성이 있다는 표현이다.

   2) 'かもしれません' 앞에서는 보통형을 사용하는데, な형용사와 명사의 'だ'는 생략된다.
      なA: この仕事は大変かもしれません。
      　　 이 일은 힘들지도 모릅니다.
      N　: あの2人は恋人かもしれません。
      　　 저 두 사람은 연인 사이일지도 모릅니다.

3. 手袋をして　スケートをします。　　장갑을 끼고 스케이트를 탑니다.
辞書を見ないで読んでください。　　사전을 보지 말고 읽어 주십시오.

● $\begin{bmatrix} \text{V1 て} \\ \text{V1 ないで} \end{bmatrix}$ V2

V2가 어떤 상태로 행해지는가를 V1으로 설명한다. V1은 주된 동작인 V2에 부속된 동작이다. V1과 V2의 동작주는 같다.

① お茶でもいかがですか。　녹차라도 어떻습니까?
'Nでも'는 N을 예로 들고 그 외에도 선택지가 있음을 나타내는 표현이다.

'お', 'ご'
명사 앞에 'お' 또는 'ご'를 붙임으로서 정중함이나 경의를 나타낸다. 'お'를 붙이느냐 'ご'를 붙이느냐는 단어마다 정해져 있다. 일본어 고유어에는 'お'가, 중국에서 들어온 외래어에는 'ご'가 붙는 일이 많다.
お国、お名前
ご家族、ご住所、ご注文、ご意見

언어와 문화 정보

健康診断(けんこうしんだん)と病気(びょうき)　건강 진단과 질환

1. 基本的(きほんてき)な検査項目(けんさこうもく)　기본적인 검사 항목

視力検査(しりょくけんさ) 시력 검사
血圧測定(けつあつそくてい) 혈압 측정
尿検査(にょうけんさ) 요 검사
聴力検査(ちょうりょくけんさ) 청력 검사
心電図検査(しんでんずけんさ) 심전도 검사
血液検査(けつえきけんさ) 혈액 검사
身長計測(しんちょうけいそく) 신장 계측
体重計測(たいじゅうけいそく) 체중 계측
胸部 X 線検査(きょうぶエックスせんけんさ) 흉부 엑스선 검사
診察(しんさつ) 진찰

2. 病気(びょうき)・けが　질환, 부상

インフルエンザ 인플루엔자, 유행성 감지　風邪(かぜ) 감기　がん 암
糖尿病(とうにょうびょう) 당뇨병　心臓病(しんぞうびょう) 심장병　結核(けっかく) 결핵
ぜんそく 천식　食中毒(しょくちゅうどく) 식중독　ねんざ 염좌(관절을 뺌)
骨折(こっせつ) 골절　やけど 화상　アトピー 아토피 피부염
花粉症(かふんしょう) 화분증, 꽃가루 알레르기

まとめ 6

어휘

おばけ	お化け	유령, 귀신
かいてんずし	回転ずし	회전초밥집
(お)きゃく(さん)	(お)客(さん)	손님
きんいろ	金色	금빛, 금색
ひかる　I	光る	빛나다
まわる　I	回る	돌다
のせる　II	載せる	담다
かかる　I	掛かる	걸리다
えらぶ　I	選ぶ	뽑다
—さら	—皿	—접시 (접시에 담은 요리를 셀 때 사용하는 조수사)

33 차가 있으면 편리합니다

회화문

와타나베 : 차를 사는 겁니까?
카를로스 : 네. 차가 있으면 드라이브를 가거나 큰 짐을 나르거나 할 수 있으니까요.
와타나베 : 그렇지요. 차가 있으면 편리하지요.
카를로스 : 중고차라면 살 수 있는데요…….
　　　　　중고차라도 괜찮습니까?
와나타베 : 네. 얌전하게 사용된 차라면 깨끗하고 고장도 적습니다.
카를로스 : 그렇군요.
와타나베 : 중고차 센터에 가서 실제로 운전해 보면 좋은 차를 고를 수 있지 않을까요?
카를로수 : 그렇겠네요. 감사합니다.

어휘

しょうがくきん	奨学金	장학금
タクシー		택시
スタンプ		스탬프
クーポン		쿠폰
ミス		실수
はやねはやおき	早寝早起き	일찍 자고 일찍 일어나기
きゅうりょう	給料	급료
じょうけん	条件	조건
ぎじゅつかいはつ	技術開発	기술 개발
〜だい	〜代	〜대, 〜료, 〜값
アルバイトだい	アルバイト代	아르바이트료
ゆうめいじん	有名人	유명인
スタジアム		스타디움, 경기장
ヘッドホン		헤드폰
ちゅうこしゃ	中古車	중고차
こしょう	故障	고장
ちゅうこしゃセンター	中古車センター	중고차 센터
まにあう Ⅰ	間に合う	(시간에) 대다 / 맞다
あきらめる Ⅱ		포기하다
せんでんする Ⅲ	宣伝する	광고하다
うれる Ⅱ	売れる	팔리다
とる Ⅰ	取る	따다
ながいきする Ⅲ	長生きする	오래 살다
いかす Ⅰ	生かす	살리다
はいる Ⅰ	入る	들어오다
はれる Ⅱ	晴れる	개다
やむ Ⅰ		그치다
わかい	若い	젊다
ゆうしゅう[な]	優秀[な]	우수하다
ねっしん[な]	熱心[な]	열심이다

33

―てん	―点	―점
とちゅうで	途中で	도중에, 중간에
じっさいに	実際に	실제로
～けど、～。		～는데, ～ (뒤에 이어지는 절의 전제를 나타낼 때 사용하는 조사)
ねえ		저기, 있잖아 (친한 사람에게 말을 걸 때 사용함)
サミットバンド		서미트 밴드
じょうけんけい	条件形	조건형

문형 설명

조건형

1. 조건형

가정 조건을 나타내는 문형이다. 조건형을 만드는 방법은 다음과 같다.

V : Ⅰ그룹: 사전형의 끝 음절 '-u'를 '-e ば'로 바꾼다.
　　Ⅱ그룹: 사전형의 'る'를 'れば'로 바꾼다.
　　Ⅲ그룹: 'くる' → 'くれば', 'する' → 'すれば'
いA: 'い'를 'ければ'로 바꾼다.
　　단, 'いい'는 'よければ'가 된다.
なA: 뒤에 'なら'를 붙인다.
N : 뒤에 'なら'를 붙인다.

	V dic.	V(조건형)				V dic.	V(조건형)	
Ⅰ	かう	かえば	う→え	ば	Ⅱ	たべる	たべれば	る→れば
	かく	かけば	く→け			みる	みれば	
	いそぐ	いそげば	ぐ→げ		Ⅲ	くる	くれば	
	はなす	はなせば	す→せ			する	すれば	
	まつ	まてば	つ→て		いA	たかい	たかければ	い→ければ
	しぬ	しねば	ぬ→ね			*いい	よければ	
	あそぶ	あそべば	ぶ→べ		なA	かんたん	かんたんなら	+なら
	よむ	よめば	む→め			きれい	きれいなら	
	かえる	かえれば	る→れ		N	あめ	あめなら	

부정 조건형을 만들려면 ない형의 'ない'를 'なければ'로 바꾼다.

　　V : かう　　かわない → かわなければ
　　いA: たかい　　たかくない → たかくなければ
　　なA: かんたん　かんたんじゃない → かんたんじゃなければ
　　N : あめ　　あめじゃない → あめじゃなければ

33

> 推薦状があれば、この奨学金がもらえます。
> 成績が優秀なら、この奨学金がもらえます。

추천서가 있으면 이 장학금을 받을 수 있습니다.
성적이 우수하면 이 장학금을 받을 수 있습니다.

● **S1(조건형)、S2**

S2가 성립되기 위해서는 반드시 S1의 조건이 필요함을 나타낸다.
S2에는 화자의 의지를 나타내는 의향형이나 'Vてください' 등의 표현, 과거형은 사용할 수 없다.

× 京都へ行けば、金閣寺へ行ってください。
× 京都へ行けば、きれいな人形を買いました。
○ 京都へ行けば、古いお寺がたくさん見られます。
　교토에 가면 오래된 절을 많이 볼 수 있습니다.

단, S1이 형용사나 ない형, 가능형 등 화자의 의지를 나타내지 않는 표현인 경우, S2에 의지 표현을 사용할 수 있다.

寒ければ、窓を閉めてください。　추우면 창문을 닫으십시오.
分からなければ、聞いてください。　모르면 물어보십시오.

2. あしたは晴れるでしょう。　내일은 개겠습니다.

● **S(보통형) でしょう**

1) 화자의 추측을 나타내는 표현으로, 'かもしれません'보다 일어날 가능성이 클 경우에 사용한다. 'でしょう'는 일기 예보나 뉴스 해설, 평론 등에 사용되는 일이 많다. ⇒ 32과 **2**

2) 'でしょう' 앞에서는 보통형을 사용하는데, な형용사, 명사 보통형의 'だ'는 생략된다.
   なA：今日はお祭りなので、町はとてもにぎやかでしょう。
   　　오늘은 축제라서 시내는 아주 떠들석하겠습니다.
   N　：あしたはいい天気でしょう。　내일은 날씨가 좋겠습니다.

① いい車が選べる<u>んじゃないですか</u>。　좋은 차를 고를 수 있지 않을까요?
　　1) 'んじゃないですか'는 '나는 ~라고 생각하는데, 당신도 그렇게 생각하지 않으냐' 하고 완곡하게 화자의 생각을 말하는 표현이다. 문장 끝의 조사 'か'를 높게 발음한다. 부정의 뜻은 없다.
　　2) 'んじゃないですか' 앞에서는 보통형을 사용한다. 명사와 형용사의 보통형 'だ'는 'な'로 바꾼다.

② コンサートがあるん<u>だけど</u>、一緒に行かない?
　　콘서트가 있는데 같이 안 갈래?
　　접속조사 'けど'는 본론에 들어가기 전의 전제를 나타낼 때도 사용된다.
　　⇒ 29과-②

③ 行ける<u>かな</u>。　갈 수 있을까?
　　'かな'는 문장 끝에 붙여서 화자가 스스로에게 묻는 표현이며, 혼잣말 등에 많이 사용된다.
　　'かな' 앞에서는 보통형을 사용하는데, な형용사와 명사의 'だ'는 생략된다. 'かなあ'처럼 길게 발음하는 경우도 있다.

④ 行こう<u>よ</u>。　가자, 응?
　　조사 'よ'에는 의뢰, 권유, 명령 등을 강조하는 기능도 있다. ⇒ 8과-①

👥 チケット、買<u>っといて</u>。　티켓 사 둬.
　　'かっといて'는 'かっておいて (ください)'의 축약형이다.
　　'~ておいて'는 '~といて'가, '~でおいて'는 '~どいて'가 된다.
　　　その書類、あしたまでに読んどいて。
　　　그 서류 내일까지 읽어 둬.
　　마찬가지로 '~ておきます'는 '~とく'가, '~でおきます'는 '~どく'가 된다.

33

'たら', 'ば', 'と'

1) 'たら'와 'ば'는 모두 조건을 나타내고 서로 바꿔 쓸 수 있는 경우가 많은데, 다음과 같은 경우에는 'たら'를 사용한다. ⇒ 21과

   ①예정이나 순서를 나타내고, 가정의 뜻을 포함하지 않을 때
   春になったら、旅行しましょう。 봄이 되면 여행을 갑시다.
   卒業したら、国へ帰ります。 졸업하면 귀국합니다.

   ②예상치 않은 일이 일어났을 경우에 그 대책을 설명할 때
   地震が起きたら、机の下に入ってください。
   지진이 일어나면 책상 밑에 들어가십시오.
   パスポートをなくしたら、大使館に連絡しなければなりません。
   여권을 잃어버리면 대사관에 연락해야 합니다.

2) 한편 희망을 실현시키기 위해서 필요한 조건을 나타낼 때는 'ば'를 사용하는 것이 더 적절하다. ⇒ 33과-**1**
   急げば、間に合います。 서두르면 시간에 맞출 수 있습니다.
   大きい失敗をしなければ、成功できるでしょう。
   큰 실패를 하지 않으면 성공할 수 있을 것입니다.

3) 'と'는 필연적인 결과를 나타내는 표현으로, 사람의 의지와 관계없이 일어나는 일에 대하여 말한다. ⇒ 23과-**2**
   春になると、桜の花が咲きます。 봄이 되면 벚꽃이 핍니다.
   水がないと、困ります。 물이 없으면 곤란합니다.
   또한 길 안내나 사용 설명서에도 많이 사용된다.
   この道をまっすぐ行くと、右に公園があります。
   이 길을 똑바로 가면 오른쪽에 공원이 있습니다.
   このボタンを押すと、お茶が出ます。
   이 단추를 누르면 녹차가 나옵니다.

언어와 문화 정보

履歴書 이력서

年　月　日 년/월/일

ふりがな：		
氏　名 성명　アラン　マレ		
19××年7月10日生（満30歳） 19xx년 7월 10일생 (만 30 세)	男・女 남／녀	
ふりがな：　すばるしにしまち 現住所 현주소 〒123-4567　すばる市西町１−１−１−205	電話 전화 (03)3292-65XX	
ふりがな： 連絡先 연락처　〒	電話 전화 メール 이메일	

年 년	月 월	学歴・職歴（各部にまとめて書く） 학력, 경력 (항목별로 정리할 것)
		学歴 학력
19××	9	パリ大学経済学部国際経済学科　入学 파리대학교 경제학부 국제경제학과 입학
19××	6	パリ大学経済学部国際経済学科　卒業 파리대학교 경제학부 국제경제학과 졸업
		職歴 경력
20××	4	サミット銀行入社　現在に至る 서미트 은행 입사, 현재까지 근무
		以上 이상

34 경기에 지고 말았습니다

회화문

조던 : 다녀왔습니다.
이와사키 : 잘 다녀왔습니까? 왜 그럽니까?
조던 : 경기에 지고 말았거든요.
이와사키 : 아쉬웠군요. 누구나 경기에 지는 것은 억울하지요.
조던 : 내가 코치의 사인을 보는 것을 잊어버렸기 때문에…….
이와사키 : 그렇게 낙심하지 마십시오. 다음에 열심히 하십시오.
조던 : 네. 감사합니다.

어휘

てんぷ	添付	첨부
パスワード		패스워드
あみだな	網棚	(열차 등의) 그물 선반, 선반
ポケット		호주머니
ズボン		바지
こい	恋	연애
あいて	相手	상대
ようちえん	幼稚園	유치원
はつこい	初恋	첫사랑
ものがたり	物語	이야기
はつこいものがたり	初恋物語	첫사랑 이야기
コーチ		코치
サイン		사인

せいりする Ⅲ	整理する	정리하다
まちがえる Ⅱ	間違える	잘못하다
ねぼうする Ⅲ	寝坊する	늦잠을 자다
フリーズする Ⅲ		(컴퓨터가) 다운되다
しゅうりょうする Ⅲ	終了する	끝내다
まける Ⅱ	負ける	지다 (경기+に)
かつ* Ⅰ	勝つ	이기다
やめる Ⅱ	辞める	그만두다
がっかりする Ⅲ		낙심하다, 실망하다

はずかしい	恥ずかしい	부끄럽다
くやしい	悔しい	억울하다

とくい[な]	得意[な]	잘하다
にがて[な]	苦手[な]	서투르다

そんなに		그렇게
では		그럼 ('じゃ'의 정중한 표현)

おさきに。	お先に。	먼저 실례합니다.
ただいま。		다녀왔습니다.(돌아왔을 때의 인사말)
おかえりなさい。	お帰りなさい。	잘 다녀왔습니까?(돌아온 사람을 맞이하는 인사말)

はやしももこ	林もも子	하야시 모모코

문형 설명

완료, 동사의 명사화

1. 本を全部読んでしまいました。　책을 전부 읽어 버렸습니다.
   - ● V てしまいます
   1) 동작의 완료를 강조하는 표현이다.
      'ぜんぶ 전부', 'もう 벌써'와 같은 부사를 동반하여 'V てしまいました'라는 형태로 사용하는 경우가 많다.
   2) 'V てしまいたいです'는 미래의 정해진 시기까지 그 동작을 완료시키고 싶다는 화자의 마음을 나타낸다.

2. 財布をなくしてしまいました。　지갑을 잃어버렸습니다.
   - ● V てしまいました
   1) 동작이 완료된 일에 대하여 돌이킬 수 없는 일을 했다는 화자의 유감스러운 마음이나 후회를 나타내는 표현이다.
   2) 'てしまいました'는 문맥이나 상황에 따라서 1(완료)의 뜻이 되기도 하고 2(유감)의 뜻이 되기도 한다.
      A：サラダが残っていましたね。早く食べなければなりません。
      　　샐러드가 남아 있었지요? 빨리 먹어야 됩니다.
      B：大丈夫ですよ。わたしがさっき食べてしまいました。
      　　おいしかったです。
      　　걱정 마십시오. 제가 아까 먹어 버렸습니다. 맛있었습니다.

      A：あれ、ここにあったラーメンは？　아니, 여기 있던 라면은?
      B：すみません。僕のだと思って食べてしまいました。
      　　죄송합니다. 제 것이라고 생각해서 먹어 버렸습니다.
      A：えっ！　넷!

3. 眼鏡を掛けたまま寝ています。　안경을 낀 채 자고 있습니다.
   - ● V1 たまま V2
   1) V1의 결과가 그대로 이어지는 자연스럽지 못한 상태로 V2가 행해짐을 나타낸다.
   2) V1과 V2의 주어는 같다.

4. 友達と旅行するのは楽しいです。　친구와 여행하는 것은 즐겁습니다.
音楽を聞く　のが好きです。　음악을 듣는 것을 좋아합니다.
窓を閉める　のを忘れました。　창문을 닫는 것을 잊어버렸습니다.

● V dic. のは A
● V dic. のが A
● S(보통형) のを V

1) 'の'는 동사 보통형에 붙어서 그 동사를 포함한 절을 명사화한다. 명사화된 부분은 문장 중에서 주어나 대상어로서 사용된다.

2) 'V dic. のは'는 'おもしろい', 'むずかしい', 'たいへん'와 같은 화자의 평가를 나타내는 형용사와 같이 사용한다.

3) 'V dic. のが'는 'すき', 'きらい', 'じょうず', 'へた', 'はやい', 'おそい'와 같은 형용사와 같이 사용한다.

4) 'S(보통형)のを'는 'わすれる', 'しっている', 'きく', 'みる'와 같은 동사와 같이 사용한다.
'のを' 앞에서는 보통형을 사용하는데, な형용사와 명사의 'だ'는 'な'가 된다.
山田さんの奥さんが病気なのを知っていますか。
야마다 씨 부인이 아픈 것을 알고 있습니까?

5) 'こと'도 동사를 명사화한다. ⇒14과
'の'와 'こと'는 서로 바꿔 쓸 수 있으나, 다음 문형에서는 'こと'를 'の'로 바꿀 수 없다.
わたしの趣味は本を読むことです。
제 취미는 책을 읽는 것입니다. ⇒ 14과-**2**
アランさんはギターを弾くことができます。
알랭 씨는 기타를 칠 수 있습니다. ⇒ 14과-**3**
わたしは北海道へ行ったことがあります。
저는 홋카이도에 간 적이 있습니다. ⇒ 18과-**2**

① 1時間で読んでしまいました。　1시간만에 읽어 버렸습니다.
조사 'で'는 수량을 나타내는 단어와 같이 사용되며, 동작을 하는 데 필요한 기간, 금액, 인원수 등을 나타낸다.
3か月で日本語が話せるようになりました。
3개월만에 일본어를 말할 수 있게 되었습니다.

古いテレビなら、5,000円で買えます。
낡은 텔레비전이라면 5,000 엔에 살 수 있습니다.

5人で新しい会社を作りました。
5명이서 새 회사를 만들었습니다.

② だれでも試合に負けるのは悔しいですよね。
누구나 경기에 지는 것은 억울하지요.
'よね'는 종조사 'よ'와 'ね'가 붙은 형태로, 화자의 생각에 대하여 상대에게 동의를 요구하거나, 확인할 때 사용한다.

試合に負けちゃった。 경기에 지고 말았어.
'まけちゃった'는 'まけてしまった'의 축약형이다.
'～てしまった'는 '～ちゃった'가, '～でしまった'는 '～じゃった'가 된다.
ビール、全部飲んじゃった。 맥주 다 마셔 버렸어.

언어와 문화 정보

擬態語 의태어

1. 表情や感情を表す表現
　　표정이나 감정을 나타내는 표현

にこにこ
싱글벙글

わくわく
두근두근 (기대함)

そわそわ
안절부절(불안해함)

いらいら
안절부절 (초조함)

どきどき
두근두근 (긴장함)

はらはら
조마조마

がっかり
실망하는 모양

ぼんやり
멍하게 , 망연히

むかむか
메슥메슥

2. もののようすを表す表現　사물의 상태를 나타내는 표현

ぎざぎざ
깔쭉깔쭉 , 뾰족뾰족

でこぼこ
울퉁불퉁

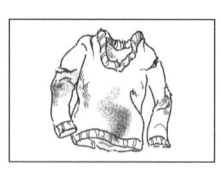

ぼろぼろ
너덜너덜

ぴかぴか
반짝반짝

つるつる
미끈미끈 , 미끌미끌

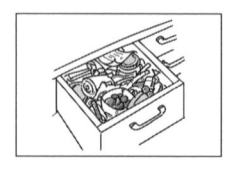

ごちゃごちゃ
뒤죽박죽

35 우산을 가지고 다니도록 합니다

회화문

차차이 : 기무라 씨, 그것은 무엇입니까?
기무라 : 우산입니다.
차차이 : 네? 아주 작군요.
기무라 : 네, 가지고 다니는 데 좋습니다.
차차이 : 그렇군요. 항상 가지고 있는 겁니까?
기무라 : 네, 지금은 비가 많이 오는 계절이니까 가지고 다니도록 합니다.
　　　　 너무 작아서 조금 사용하기 어렵지만요…….
차차이 : 잠깐 보여 주십시오. 가벼워서 좋군요. 어디서 파는 겁니까?
기무라 : 역 앞의 슈퍼에서 팔고 있습니다. 내일 가니까 간 김에 사 올까요?
차차이 : 네? 괜찮습니까? 감사합니다.

어휘

ヘルメット		헬멧
すいぞくかん	水族館	수족관, 아쿠아리움
くふう	工夫	궁리, 고안, 아이디어를 냄
トンネル		터널
ショー		쇼
レインコート		비옷
くるまいす	車いす	휠체어
スロープ		슬로프, 경사로
よしゅう	予習	예습
ふくしゅう＊	復習	복습
つめきり	つめ切り	손톱깎기
つめ		손톱, 발톱
はブラシ	歯ブラシ	칫솔
すいはんき	炊飯器	전기밥솥
たいおんけい	体温計	체온계
ろうか	廊下	복도
じんじゃ	神社	신사
いた	板	판자, 널빤지
うら	裏	뒷면
ねがいごと	願い事	기원, 기도
にゅうがく	入学	입학
にゅうがくしけん	入学試験	입학 시험
おねがい	お願い	기원, 기도
たなばた	七夕	칠석 (7월 7일에 행해지는 일본의 행사)
えきまえ	駅前	역 앞
たく　Ⅰ	炊く	짓다
はかる　Ⅰ	測る	재다
すべる　Ⅰ	滑る	미끄러지다
あげる　Ⅱ	挙げる	들다
まねく　Ⅰ	招く	부르다
もちあるく　Ⅰ	持ち歩く	가지고 다니다

うる　Ⅰ	売る	팔다
―トン（t）		―톤
おおぜい	大勢	많이
ついでに		～는 김에
いいんですか。		괜찮습니까？(상대의 호의적인 제안을 확인하는 표현)

しらゆきひめ	白雪姫	백설공주

문형 설명

목적 2

1. 約束の時間に間に合うように、急いで行きます。
   会議に遅れないように、急いで行きます。

약속 시간에 맞게 서둘러서 갑니다.
회의 시간에 늦지 않도록 서둘러서 갑니다.

● [V dic. / V ない] ように、S

1) V가 나타내는 상태가 실현되도록 S의 동작을 한다는 뜻이다.
2) V는 가능형이나 'わかる', 'みえる' 등 가능의 뜻을 가진 동사, 또는 ない형 등의 무의지 표현을 사용한다. 'ために'도 목적을 나타내는데, 'ために'를 사용할 때는 V는 의지동사가 된다. ⇒ 24과 (p.30)

10時の電車に乗れるように、急ぎます。
10시 열차를 탈 수 있도록 서두릅니다.
10時の電車に乗るために、急ぎます。
10시 열차를 타기 위해서 서두릅니다.

2. 毎日野菜を食べるようにしています。 매일 야채를 먹도록 합니다.
   無理をしないようにしています。 무리를 하지 않도록 합니다.

● [V dic. / V ない] ようにしています

이 표현은 노력해서 어떤 습관적인 동작을 한다, 혹은 노력해서 그 동작을 하지 않음을 나타낸다.

3. このかばんは重い荷物を運ぶのにいいです。
   このかばんは旅行にいいです。

이 가방은 무거운 짐을 운반하는 데 좋습니다.
이 가방은 여행에 알맞습니다.

● [V dic. の / N] に S

'N＋に S' 형태로 용도나 목적을 나타내는 표현이다. S에는 'いい', 'つかう', 'やくにたつ', 'べんり', 'ひつよう', '(おかね／じかんが) かかる'

와 같은 단어를 사용한다. 동사는 명사 형태(V dic.の)로 바꾸어서 사용한다.

4. このカメラは使いにくいです。　　이 카메라는 사용하기 어렵습니다.
　　このじしょは使いやすいです。　　이 사전은 사용하기 쉽습니다.

- V にくいです
- V やすいです

1) 'V にくいです'는 V로 나타내는 동작을 하는 것이 쉽지 않다, 혹은 '좀처럼 ~지 않는다'는 뜻이다.
   車の窓ガラスは割れにくいです。
   자동차의 유리창은 좀처럼 깨지지 않습니다.

2) 'V やすいです'는 V로 나타내는 동작을 하기 쉽다, 혹은 '쉽게 ~한다'는 뜻이다.
   ガラスのコップは割れやすいです。　유리 컵은 깨지기 쉽습니다.

3) 이 형태는 ます형의 'ます'를 'にくいです', 'やすいです'로 바꾸어서 만든다.
   つかいます → つかいにくいです／つかいやすいです
   　われます → 　われにくいです／　われやすいです
   あるきます → あるきにくいです／あるきやすいです

4) 'にくいです', 'やすいです'는 い형용사와 같은 활용을 한다.
   このカメラは使いやすくて便利です。
   이 카메라는 사용하기 쉬워서 편리합니다.

① 大学に合格しますように。　대학에 합격하도록.
신에게 빌거나 장차 어떤 일이 실현되기를 기원할 때 사용하는 표현이다. 'ように' 앞에서는 동사는 ます형을 사용한다.

언어와 문화 정보

縁起物 행운을 기원하는 물건

1. 幸せを呼ぶもの   복을 부르는 물건

招き猫
손님을 부르는 고양이

破魔矢
복을 부르는 화살

くまで
복을 긁어모으는 갈퀴

だるま
달마(소원 성취를 비는 오뚜기)

絵馬
기원 성취를 비는 그림판

七福神
칠복신
(복을 부르는 7명의 신)

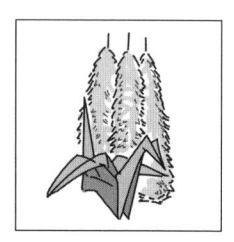

千羽づる
질병의 쾌유를 비는 종이학

2. おみくじ   길흉을 점치는 제비뽑기

大吉 대길
(점괘가 아주 좋음)

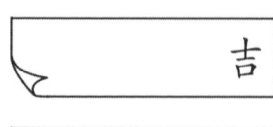

吉 길
(점괘가 좋음)

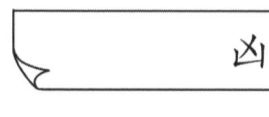

凶 흉
(점괘가 나쁨)

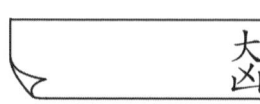

大凶 대흉
(점괘가 아주 나쁨)

36 여러 외국어로 번역되어 있습니다

회화문

린 : 와타나베 씨, 이 소설을 읽은 적이 있습니까?

와타나베 : 네, 있습니다. 젊은 사람들에게 인기가 있어서 여러 외국어로 번역돼 있지요.

린 : 저번에 선생님이 추천해 주어서 도서관에서 빌려 왔거든요.
이 책은 어땠습니까? 재미있었습니까?

와타나베 : 네. 특히 범인이라는 혐의를 받은 남자의 삶의 방식이 흥미로웠습니다.

린 : 그렇군요.

와타나베 : 그런데 그 남자는 마지막에 애인에게 피살되고 말거든요.

린 : 와타나베 씨, 말하지 말아 주십시오.
지금부터 읽으려고 하거든요.

어휘

かちょう	課長	과장
ちこく	遅刻	지각
けっせき	欠席	결석
どろぼう		도둑
よっぱらい	酔っ払い	술주정꾼, 취객
か	蚊	모기
しょうきょうと	小京都	교토처럼 옛 거리가 남아 있는 지방 도시
オリンピック		올림픽
へいあんじだい	平安時代	헤이안 시대
ダイナマイト		다이너마이트
ラジウム		라듐
こうぎょう	工業	공업
のうぎょう	農業	농업
ぎょぎょう	漁業	어업
さんぎょう*	産業	산업
じどうしゃ	自動車	자동차
せきゆ	石油	석유
さむらい	侍	무사
ぎょうれつ	行列	행렬
こうげいひん	工芸品	공예품
かてい	家庭	가정
しょうせつ	小説	소설
さいご	最後	최후, 마지막
さいしょ*	最初	최초
さわぐ Ⅰ	騒ぐ	떠들다
よぶ Ⅰ	呼ぶ	부르다
ふる Ⅰ	振る	퇴짜를 놓다
しかる Ⅰ		혼내다
ほめる Ⅱ	褒める	칭찬하다
はつめいする Ⅲ	発明する	발명하다
おこす Ⅰ	起こす	깨우다

プロポーズする Ⅲ		프로포즈하다, 청혼하다
こぼす Ⅰ		흘리다
とる Ⅰ	取る	훔치다
さす Ⅰ	刺す	물다
ひらく Ⅰ	開く	열다, 개최하다
はっけんする Ⅲ	発見する	발견하다
ゆしゅつする Ⅲ	輸出する	수출하다
ゆにゅうする Ⅲ	輸入する	수입하다
おこなう Ⅰ	行う	행하다, 실시하다
したしむ Ⅰ	親しむ	가까이 하다, 친하게 지내다
すすめる Ⅱ	勧める	추천하다, 권하다
うたがう Ⅰ	疑う	의심하다
いきる Ⅱ	生きる	살다
ころす Ⅰ	殺す	죽이다
うつくしい	美しい	아름답다
きょうみぶかい	興味深い	흥미롭다
いや[な]	嫌[な]	싫다
さかん[な]	盛ん[な]	번성하다, 번창하다
でんとうてき[な]	伝統的[な]	전통적이다
―せいき	―世紀	―세기
たいへん	大変	대단히
とくに	特に	특히
～によって		～에 의하여

かなざわ	金沢	가나자와
ひめじじょう	姫路城	히메지성
タージマハル		타지마할
けんろくえん	兼六園	겐로쿠엔
ノーベル		노벨

シェークスピア		셰익스피어
マリー・キュリー		마리 퀴리
シャー・ジャハーン		샤 자한
ながのオリンピック	長野オリンピック	나가노 올림픽
げんじものがたり	源氏物語	겐지모노가타리
ハムレット		햄릿
うけみけい	受身形	수동형, 피동형

문형 설명

수동형

1. 수동형

1) 수동문은 어떤 동작을 동작주의 입장이 아니라 피동작주의 입장에서 말할 때 사용하는 표현이다. 동사를 수동형으로 바꾸어서 사용한다. 일본어에서는 타동사(Vt.)를 사용해서 수동문을 만드는데, **3**의 경우에는 자동사(Vi.)도 사용한다.

2) 수동형을 만드는 방법은 다음과 같다.

Ⅰ그룹 : 사전형의 끝 음절 '-u'를 '-aれる'로 바꾼다.
Ⅱ그룹 : 사전형의 'る'를 'られる'로 바꾼다.
Ⅲ그룹 : 'くる→こられる', 'する→される'

	V dic.	V(수동형)			V dic.	V(수동형)	
Ⅰ	いう	いわれる	う→わ	Ⅱ	たべる	たべられる	る→られる
	きく	きかれる	く→か		おしえる	おしえられる	
	さわぐ	さわがれる	ぐ→が		みる	みられる	
	はなす	はなされる	す→さ		いる	いられる	
	まつ	またれる	つ→た れる	Ⅲ	くる	こられる	
	しぬ	しなれる	ぬ→な		する	される	
	よぶ	よばれる	ぶ→ば				
	よむ	よまれる	む→ま				
	つくる	つくられる	る→ら				

3) 수동형은 Ⅱ그룹의 동사로서 활용한다.

2. わたしは先生に呼ばれました。

선생님이 저를 불렀습니다 (저는 선생님에게 부름을 받았습니다)

● **N1(사람) は N2 に V(수동형)**

직접 영향을 받은 동작을 피동작주(N1)의 입장에서 말하는 표현이다.
동사는 타동사를 사용하고, 동작주(N2)를 조사 'に'로 표시한다.

先生はわたしを褒めました。 선생님은 저를 칭찬했습니다.
わたしは先生に褒められました。 저는 선생님에게 칭찬을 받았습니다.

3. わたしは子供にカメラを壊されました。
わたしは雨に降られました。

아이가 제 카메라를 고장냈습니다. (저는 아이에게 카메라를 고장냄을 당했습니다.)

저는 비가 와서 고생했습니다 / 저는 비를 맞았습니다.

● N1(사람)은 N2에 N3(사물)을 Vt.(수동형)
● N1(사람)은 N2에 Vi.(수동형)

1) 어떤 일이 일어남으로서 피해를 입었다고 느꼈을 때 사용하는 표현이다. 피해를 입은 사람이 주어가 된다.
   ○わたしは子供にカメラを壊されました。
      아이가 제 카메라를 고장냈습니다. (저는 아이에게 카메라를 고장냄을 당했습니다.)
   ×わたしのカメラは子供に壊されました。

2) 이 피해 표현에는 타동사, 자동사 모두 사용된다.
   昨日の晩、子供に泣かれて、寝られませんでした。
   어젯밤 아이가 울어서 잘 수 없었습니다. (어젯밤 아이에게 울음을 당해서 잘 수 없었습니다.)
   동작주(N2)는 조사 'に'로 나타낸다.

3) 수동문이 문형 **2**의 뜻인가 문형 **3**의 뜻(피해)인가는 문맥에 따라서 결정된다.
   先生によく勉強していると言われました。
   선생님에게 공부를 잘 한다는 말을 들었습니다.
   まじめに仕事したのに、仕事をサボったと言われたんです。
   성실하게 일했는데 일을 게을리했다는 말을 들었습니다.

4) 피동작주가 그 동작을 피해라고 생각하지 않고 고맙게 받아들이는 경우에는 수동형 말고 'Vてもらいました'를 사용한다. ⇒ 22과-**3**
   隣の人にピアノを弾かれました。(うるさかったです。)
   이웃 주민이 피아노를 쳤습니다. (이웃 주민에게 피아노를 침를 당했습니다.) (시끄러웠습니다.)
   マリーさんにピアノを弾いてもらいました。(とてもよかったです。)
   마리 씨가 피아노를 쳐 주었습니다. (마리 씨에게 피아노를 침을 받았습니다.) (아주 좋았습니다.)

4. 大阪で会議が開かれます。   오사카에서 회의가 열립니다.
  ● N(사물) が V(수동형)

동작을 하는 사람을 명백히 할 필요가 없는 경우 사물을 주어로 한 수동형을 사용한다.

　　1998年に長野オリンピックが開かれました。
　　1998년에 나가노올림픽이 열렸습니다.
　　金沢で作られた工芸品は日本の家庭でよく使われています。
　　가나자와에서 만들어진 공예품은 일본 가정에서 많이 사용되고 있습니다.

① 源氏物語は紫式部によって書かれました。
　겐지모노가타리는 무라사키 시키부에 의해서 쓰여졌습니다.
　'によって'는 수동형의 동작주를 나타내며, 감정을 담지 않고 그 행위를 객관적으로 서술할 때 사용된다. 동사가 'かく', 'はつめいする', 'つくる', 'はっけんする' 등 무엇인가를 생산하는 것을 나타내는 경우에는 동작주는 'に'가 아니라 'によって'로 나타낸다.

② 兼六園という公園   겐로쿠엔이라는 공원
　'N1 という N2'라는 형태로 사용되며, N1은 고유명사, N2는 일반명사이다. N1이 나타내는 사람이나 사물, 장소에 대하여 화자나 청자, 또는 두 사람 모두 잘 모르는 경우에 사용한다. 화자와 청자 모두가 알고 있는 경우에는 사용하지 않는다.

　　川田さんは東京に住んでいます。　가와다 씨는 도쿄에 살고 있습니다.
　　山田さんは金沢という町に住んでいます。
　　야마다 씨는 가나자와라는 도시에 살고 있습니다.

歌舞伎を見に行こうって言われた。   가부키를 보러 가자는 제안을 받았다.
　'っていわれた'는 'といわれた'의 축약형이다.

언어와 문화 정보

産業 산업

1. 第1次産業　제1차 산업

のうぎょう
農業
농업

りんぎょう
林業
임업

すいさんぎょう
水産業
수산업

2. 第2次産業　제2차 산업

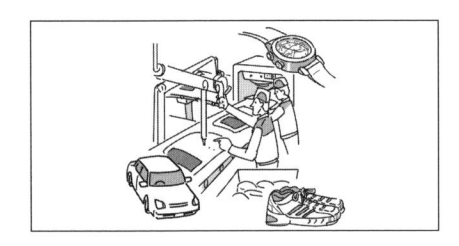

せいぞうぎょう
製造業
제조업

けんせつぎょう
建設業
건설업

3. 第3次産業　제3차 산업

じょうほうつうしんぎょう
情報通信業
정보통신업

うんゆぎょう
運輸業
운수업

こうりぎょう
小売業
소매업

ふどうさんぎょう
不動産業　부동산업

きんゆうぎょう
金融業　금융업

きょういく
教育　교육

いりょう
医療　의료

37 재미있어 보이는군요

회화문

기무라 : 미안합니다, 늦어서.
차차이 : 저도 지금 막 온 참입니다.
기무라 : 오늘 초대해 주셔서 감사합니다.
　　　　 이것은 타이 카레입니까?
차차이 : 네, 우리 모두 함께 만들었거든요. 드셔 보십시오.
기무라 : 아주 맛있군요.
차차이 : 감사합니다. 앗, 지금 101번 교실에서 인도네시아의 춤을 추고 있습니다.
기무라 : 재미있어 보이는군요. 보러 갈까요?
차차이 : 네.

어휘

やね	屋根	지붕
わに		악어
こうりゅう	交流	교류
こうりゅうパーティー	交流パーティー	교류 파티
しょっけん	食券	식권
ざいりょうひ	材料費	재료비
あとかたづけ	後片付け	뒷정리
ぶちょう	部長	부장
ドレス		드레스
でんしじしょ	電子辞書	전자 사전
クッション		쿠션
わりあい	割合	비율
だんせい	男性	남성
じょせい	女性	여성
グラフ		그래프
～しゃ	～者	～자 ('～를 하는 사람', '～의 속성을 지닌 사람'을 나타내는 접미사)
どくしんしゃ	独身者	독신자
～よう	～用	～용 ('～에 사용하는', '～를 대상으로 한'이라는 뜻의 접미사)
どくしんしゃよう	独身者用	독신자용
しょうひん	商品	상품
かず	数	수
あかちゃん	赤ちゃん	아기
(ご)しょうたい	(ご)招待	초대
とうじつ	当日	당일
よういする Ⅲ	用意する	준비하다
けしょうする Ⅲ	化粧する	화장하다

やける　Ⅱ	焼ける	구워지다
にあう　Ⅰ	似合う	어울리다
あらわす　Ⅰ	表す	나타내다
くらい	暗い	어둡다, 음침하다
つめたい	冷たい	차갑다, 냉담하다
きがよわい	気が弱い	마음이 약하다
きがつよい*	気が強い	마음이 강하다
きがみじかい	気が短い	급하다
おそい	遅い	늦다
いじわる[な]	意地悪[な]	심술궂다
がんこ[な]	頑固[な]	완고하다
わがまま[な]		방자하다, 제멋대로 굴다
ちょうど		바로
あとで		나중에
きっと		꼭, 틀림없이
そんなことない。		그럴 리가 없다.(상대의 발언 내용을 부정하는 표현)
こんにちは。		안녕하십니까?
いらっしゃい。		어서 오십시오.
いってまいります。	行ってまいります。	다녀오겠습니다.(집을 나갈 때의 인사말)

문형 설명

양태, 예상

1. リンさんは楽しそうです。　　린 씨는 즐거워 보입니다.
   リンさんは暇そうです。　　　린 씨는 한가해 보입니다.
   雨が降りそうです。　　　　　비가 올 것 같습니다.

   ● [いA い / なA / V] そうです

   1) 'そうです'가 형용사에 붙을 때는 "-어 보인다", "-은 것 같다"라는 뜻을 나타내며, 화자가 어떤 대상의 겉모양이나 인상에 대해서 서술하는 표현이 된다.
      (먹기 전에) そのケーキ、おいしそうですね。
      　　　　　　그 케이크 맛있어 보이는군요.
      (먹으면서) このケーキ、おいしいですね。
      　　　　　　이 케이크 맛있군요.
      화자가 남의 감정이나 감각에 대해서 말할 때도 'そうです'를 사용한다. 화자 본인의 감정, 감각에 대해서는 사용하지 않는다.
      ○わたしは楽しいです。　저는 즐겁습니다.
      ×わたしは楽しそうです。
      ×リンさんは楽しいです。
      ○リンさんは楽しそうです。　린 씨는 즐거워 보입니다.
      한눈에 판단할 수 있는 색이나 겉모습 등에 대해서는 'そうです'를 사용하지 않는다.
      ×きれいそうです。 → きれいです。
      ×赤そうです。　　 → 赤いです。

   2) 'そうです'가 동사에 붙을 때는 "-을 것 같다"라는 뜻을 나타내며, 눈앞의 상황을 보고 그 동작이나 사건이 일어날 가능성이 있음을 예측하는 표현이 된다.
      또한 지금 눈에 보이지 않는 장래의 일을 예상하고 말할 때도 사용한다.
      留学生が増えそうです。　유학생이 늘 것 같습니다.

   3) い형용사는 'い'를 'そうです'로 바꾸어서 만든다.
      な형용사는 뒤에 'そうです'를 붙인다.

```
いA:   たのしい  →  たのしそうです
      むずかしい → むずかしそうです
      *いい    →  よさそうです
なA:   ひま    →  ひまそうです
      べんり   →  べんりそうです
```

동사는 ます형의 'ます'를 'そうです'로 바꾼다.

```
V :   ふります  →  ふりそうです
      へります  →  へりそうです
```

'そうです'는 명사에는 붙지 않는다.

'そうです'에는 들었거나 본 정보를 상대에게 그대로 전달하는 뜻도 있다. 이 경우는 보통형에 붙는다. ⇒ 28과

2. | コンサートが始まる　　ところです。 | 콘서트가 시작될 참입니다. |
   | コンサートをやっているところです。 | 콘서트를 하고 있는 참입니다. |
   | コンサートが終わった　ところです。 | 콘서트가 끝난 참입니다. |

● ⎡ V dic. ⎤
  ⎢ V ている ⎥ ところです
  ⎣ V た   ⎦

1) 동작이 어느 단계에 있는가를 나타내는 표현이다. 'ところ'에는 "장소"라는 뜻은 없다. 'ところです'는 명사문을 만든다.
2) 사진이나 동영상에 나오는 장면을 설명할 때 등에 많이 사용된다.
3) 화자가 본인의 상황을 설명하면서 권유하거나 거절할 때에도 사용한다.

A : こんにちは。 안녕하세요?
B : いらっしゃい。ちょうど今ケーキが焼けたところ。一緒に食べない？
    잘 왔어요. 지금 케이크를 막 구운 참이야. 같이 안 먹을래?

A : ちょっと手伝ってくれませんか。 좀 도와주지 않겠습니까?
B : すみません。今書類をコピーしているところなんです。あとでいいですか。 미안합니다. 지금 서류를 복사하고 있는 참이거든요. 나중에라도 괜찮을까요?

3. ちょっと食べてみます。 조금 먹어 보겠습니다.
　●Vてみます

무엇인가를 시도해 보고 그 결과를 지켜보겠다는 표현이다.

---

① ちょっと手伝ってくれませんか。 조금 도와주지 않겠습니까?
'Vてくれませんか'는 화자나 화자 쪽의 누군가를 위해서 어떤 행위를 해 달라고 청자에게 의뢰하는 표현이다. 손윗사람에게는 사용하지 않는다. 정중함의 정도는 다음과 같다.

정중함 높음 | ちょっと手伝っていただけませんか。
　　　　　　　　　　　　　　조금 도와주시지 않겠습니까?
　　　　　　 ちょっと手伝ってくださいませんか。
　　　　　　　　　　　　　　조금 도와주시지 않겠습니까?
　　　　　　 ちょっと手伝ってくれませんか。
　　　　　　　　　　　　　　조금 도와주지 않겠습니까?
　　　　　　 ちょっと手伝ってください。 조금 도와주십시오.
낮음 ▼　　 ちょっと手伝って。 조금 도와줘.

언어와 문화 정보

グラフと計算(けいさん)　그래프와 계산

1. グラフの種類(しゅるい)　그래프의 종류

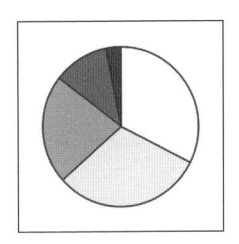

円(えん)グラフ
원그래프

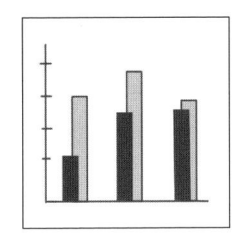

棒(ぼう)グラフ
막대그래프

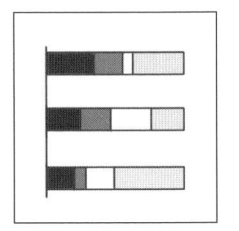

帯(おび)グラフ
띠그래프

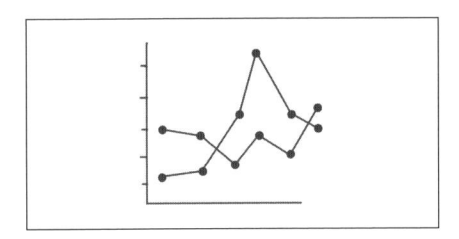

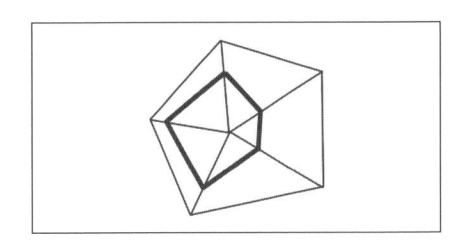

折(お)れ線(せん)グラフ
꺾은선그래프

レーダーグラフ／レーダーチャート
레이더그래프, 레이더차트

2. グラフ用語(ようご)　그래프 용어

縦軸(たてじく) 세로축　横軸(よこじく) 가로축　割合(わりあい) 비율　数(かず) 수　量(りょう) 양

3. 線(せん)の種類(しゅるい)　선의 종류

実線(じっせん)
실선

破線(はせん)
파선

点線(てんせん)
점선

4. 四則計算(しそくけいさん)　사칙 연산

1 ＋ 5 ＝ 6 (1足(た)す5は6)　　10 － 3 ＝ 7 (10引(ひ)く3は7)

2 × 6 ＝ 12 (2掛(か)ける6は12)　　12 ÷ 4 ＝ 3 (12割(わ)る4は3)

まとめ7

어휘

ゲームき	ゲーム機	게임기
せかい	世界	세계
～じゅう	～中	～중, 온～
せかいじゅう	世界中	전세계
りゃく	略	약어
おとしより	お年寄り	노인
とくちょう	特徴	특징
わかもの	若者	젊은이
きそ	基礎	기초
とうじ	当時	당시
よごす　Ⅰ	汚す	더럽히다
はつばいする　Ⅲ	発売する	발매하다
つける[なまえを～]　Ⅱ	つける[名前を～]	붙이다[이름을～]
らんぼう[な]	乱暴[な]	난폭하다
いまでは	今では	지금은, 이제는

ファミコン	패미컴('ファミリーコンピューター'의 약어)
ファミリーコンピューター	페밀리컴퓨터

38 원숭이를 조심하라는 뜻입니다

회화문

조던　　　: 저 표지는 무엇입니까?
와타나베 : 원숭이를 조심하라는 뜻입니다.
조던　　　: 저런, 원숭이가 있는 겁니까?
와타나베 : 네. 기무라 씨도 이 일대는 원숭이가 많으니까 조심하는 것이 좋다고 그러던데요.
조던　　　: 무슨 문제가 있는 겁니까?
와타나베 : 음식을 빼앗겼다고 그러던데요.
조던　　　: 개발이 진행되면서 먹이가 없어졌기 때문에 사람의 것을 빼앗는 것이 아닙니까? 원숭이들도 큰일났군요.

어휘

38

へい	塀	담장
はたけ	畑	밭
いみ	意味	뜻, 의미
ＯＫ(オーケー)		오케이
くま		곰
ドライクリーニング		드라이클리닝
アイロン		다리미
ボディーランゲージ		보디랭귀지, 몸짓언어
かんばん	看板	간판
かのうせい	可能性	가능성
ゆれ	揺れ	흔들림, 진동
ひょうしき	標識	표지
～へん	～辺	～ 부근, 일대
～ちゅう	～中	～ 중
じゅぎょうちゅう	授業中	수업 중
らくがきする Ⅲ	落書きする	낙서하다
いじめる Ⅱ		못살게 굴다, 괴롭히다
いく Ⅰ	行く	나가다 (경기에서 사기를 올려서 공격하겠다는 뜻으로 사용함)
シュートする Ⅲ		슛하다
かける[アイロンを～] Ⅱ		다리다 [다리미로 ～]
まちがう Ⅰ	間違う	틀리다
できる Ⅱ		유능하다
おちてくる Ⅲ	落ちて来る	떨어져 오다
たつ Ⅰ		지나다
すすむ Ⅰ	進む	나아가다
ただしい	正しい	옳다
だめ[な]		안되다
どういう		어떤

たいてい		대개
まず		우선
はあい		네 (어린이가 사용함)
〜のつぎに	〜の次に	〜 다음으로
なにやってるの。	何やってるの。	뭐하는 거야? (상대의 행동을 비난하는 표현)

めいれいけい	命令形	명령형
きんしけい	禁止形	금지형

문형 설명

38 명령형, 금지형

1. 명령형과 금지형

1) 명령형은 어떤 행위를 할 것을, 금지형은 하지 말 것을 청자에게 명령하는 형태이다. 손아랫사람에 대한 손윗사람의 절대적인 명령을 나타내고, 모두 주로 남자가 사용한다.

2) 명령형을 만드는 방법은 다음과 같다.
   - Ⅰ그룹 : 사전형의 끝 음절 '-u'를 '-e'로 바꾼다.
   - Ⅱ그룹 : 사전형의 'る'를 'ろ'로 바꾼다.
   - Ⅲ그룹 : 'くる→こい', 'する→しろ'

	V dic.	V(명령형)			V dic.	V(명령형)	
Ⅰ	かう	かえ	う→え	Ⅱ	ねる	ねろ	る→ろ
	かく	かけ	く→け		みる	みろ	
	はなす	はなせ	す→せ		かりる	かりろ	
	まつ	まて	つ→て		*くれる	くれ	
	しぬ	しね	ぬ→ね	Ⅲ	くる	こい	
	あそぶ	あそべ	ぶ→べ		する	しろ	
	よむ	よめ	む→め				
	かえる	かえれ	る→れ				

3) 금지형은 다음과 같이 사전형에 'な'를 붙여서 만든다.

   かう → かうな
   かく → かくな
   たべる → たべるな
   する → するな
   くる → くるな

| みんな、頑張れ。 | 다들 힘내라. |
| 中に入るな。 | 안에 들어가지 마라. |

명령형과 금지형은 규칙 등의 안내 표지에서나 응원에서도 사용된다. 응원의 경우는 여성도 사용한다.

또한 긴급 상황이나 남자끼리의 싸움에서도 사용된다.

危ない！　止まれ！　위험하다! 서라!
うるさい！　外へ出ろ！　시끄러워! 밖에 나가라!

2. 答えを書きなさい。　답을 써라.
   ● Vなさい
   1) 'Vなさい'는 부모가 아이에게, 혹은 교사가 학생에게 지시하거나 명령할 때 사용하는 표현이다. 감독하는 입장에 있는 사람이 사용하는 경우가 많으며, 여성도 사용한다. 또한 시험 문제에서도 많이 사용된다.
   2) 이 형태는 ます형의 'ます'를 'なさい'로 바꾸어서 만든다.

   かきます → かきなさい
   たべます → たべなさい
   　きます → 　きなさい

3. これは入るなという意味です。　이것은 들어가지 말라는 뜻입니다.
   ● Nは～という意味です
   이 표현은 안내 표지나 말의 뜻을 정의할 때 사용된다.
   정의의 내용은 보통형이나 명령형, 금지형으로 표현된다.
   의문문은 'どういう'를 사용해서 다음과 같이 말한다.
   　　A：これはどういう意味ですか。　이것은 무슨 뜻입니까?
   　　B：ドライクリーニングができないという意味です。
   　　　　드라이클리닝을 할 수 없다는 뜻입니다.

4. アランさんは友達に会うと言っていました。
   알랭 씨는 친구를 만난다고 그러던데요.
   ● ～と言っていました
   1) '～といっていました'는 제3자의 메시지을 전달할 때 사용하는 표현이다. 말의 내용은 인용을 나타내는 조사 'と' 앞에서 보통형이나 명령형, 금지형으로 나타낸다.
   2) '～といっていました'가 제3자가 말한 내용을 메시지로서 전달하는 표현인데 반하여, '～といいました'는 남의 발언 내용을 그대로 청자에게 전하는 표현이다. ⇒19과-3

언어와 문화 정보

38 標識(ひょうしき) 표지

1. 町(まち)の標識(ひょうしき) 길 표지

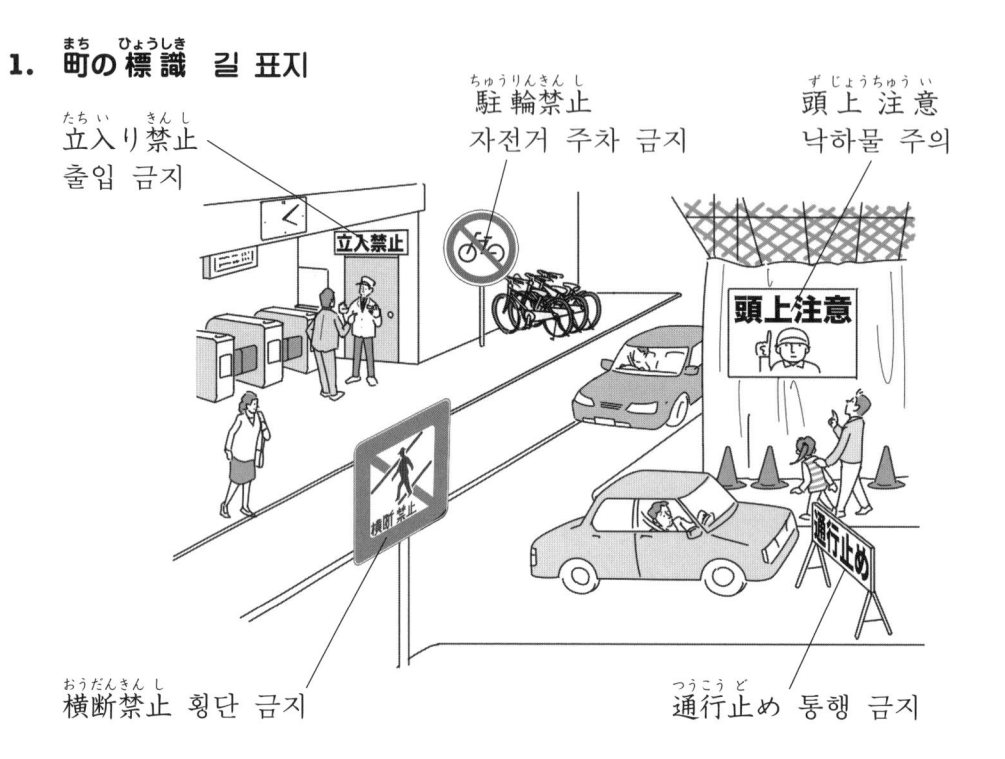

- 立入(たちい)り禁止(きんし) 출입 금지
- 駐輪禁止(ちゅうりんきんし) 자전거 주차 금지
- 頭上注意(ずじょうちゅうい) 낙하물 주의
- 横断禁止(おうだんきんし) 횡단 금지
- 通行止(つうこうど)め 통행 금지

2. 施設内(しせつない)の標識(ひょうしき) 시설 내의 표지

- 故障(こしょう) 고장
- 非常口(ひじょうぐち) 비상구
- 撮影禁止(さつえいきんし) 촬영 금지
- 禁煙(きんえん) 금연 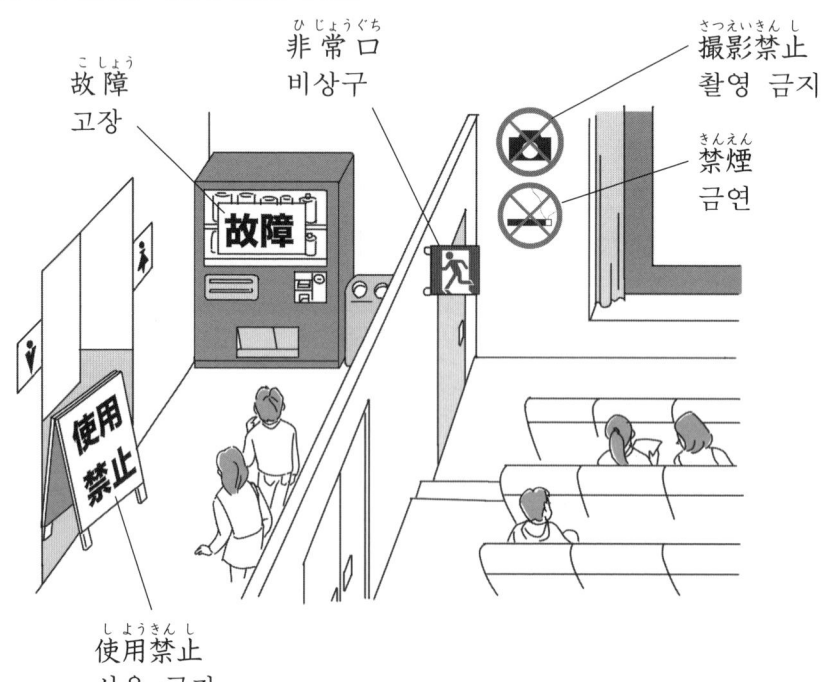
- 使用禁止(しようきんし) 사용 금지

39 여행 때 사용하려고 샀는데……

회화문

기무라 : 김혜정 씨, 내일부터 여행 가는 거지요?
김　　 : 네, 그래서 새 카메라를 샀는데, 제대로 작동되지 않아서 수리 중이거든요. 여행 때 사용하려고 샀는데…….
기무라 : 갓 산 것인데 고장 난 겁니까?
김　　 : 네, 전원을 켜면 곧 에러가 나고 마는 겁니다. 아무래도 스위치 부분이 불량한 것 같습니다. 고치는 데 1주일 정도 걸린다고 하더군요.
기무라 : 그렇군요. 그럼 제 것을 빌려 줄까요?
김　　 : 괜찮습니까?
기무라 : 네. 좋은 사진을 많이 찍고 오십시오.
김　　 : 네. 감사합니다.

어휘

るす	留守	외출 중
ウール		울, 모직물
バーゲン		바겐세일
あしあと	足跡	발자국
はちみつ		꿀
せき	席	자리
いっぱい		(배가) 부르다
しょうしゃ	商社	상사
ちしき	知識	지식
せんもんちしき	専門知識	전문 지식
エラー		에러
スイッチ		스위치
ぶぶん	部分	부분
はいる　Ⅰ	入る	들다, 들어가다
あつまる　Ⅰ	集まる	모이다
のこる　Ⅰ	残る	남다
さす[かさを〜]　Ⅰ	さす[傘を〜]	쓰다[우산을 〜]
ゆずる　Ⅰ	譲る	양보하다
うまくいく　Ⅰ		잘되다
つきあう　Ⅰ		사귀다
びっくりする　Ⅲ		깜짝 놀라다
きこくする　Ⅲ	帰国する	귀국하다
きたいする　Ⅲ	期待する	기대하가
なやむ　Ⅰ	悩む	고민하다
はなしあう　Ⅰ	話し合う	의논하다(사람+と)
ばりばり		척척
どうも		아무래도
それで		그래서

そうか。		그렇군. ('そうですか'의 보통체 표현)
やまかわ	山川	야마카와

문형 설명

추량 2, 역접의 'のに'

1. マリーさんは疲れているようです。　마리 씨는 피곤한 것 같습니다.

● S(보통형) ようです

1) "- 는/은/을 것 같다"라는 뜻으로, 화자가 보고, 듣고, 만지고, 코로 맡는 등 오감으로 얻은 정보를 근거로 상황을 추측하고 판단한 내용을 말하는 경우에 사용한다.

2) 'ようです' 앞에서는 보통형을 사용하는데, な형용사의 'だ'는 'な'가, 명사의 'だ'는 'の'가 된다.
マリーさんは野菜が嫌いなようです。
마리 씨는 야채를 싫어하는 것 같습니다.
マリーさんは留守のようです。　마리 씨는 외출 중인 것 같습니다.

3) 'そうです'는 주로 겉모습을 보고 직감적으로 판단한 내용을 말하는 데 반하여, 'ようです'는 듣거나 읽고 수집한 정보를 근거로 추측하고 판단한 내용을 말한다. ⇒ 37과-1
(선생님의 겉모습을 보고)
新しい先生は厳しそうです。　새 선생님은 엄해 보입니다.
(남의 이야기를 듣고)
新しい先生は厳しいようです。　새 선생님은 엄한 것 같습니다.

2. 山川さんはよく勉強しているのに、成績がよくないです。
야마카와 씨는 열심히 공부하는데도 성적이 좋지 않습니다.

● S1(보통형) のに、S2

1) "- 는/은데(도)"라는 뜻으로, S2는 S1에서 말한 사실에서 예측되는 내용과 상반된 내용을 나타낸다. 대부분의 경우 예상치 않은 결과나 불일치에 대한 당황스러운 마음이나, 비난, 불만, 후회 등 화자의 주관적인 감정을 나타낸다.

2) S2에는 명령이나 의뢰, 화자의 의지를 나타내는 표현은 사용할 수 없다.
×テストがあるのに、遊びに行こうと思う。
또한 S2를 말하지 않을 때도 있다.
旅行のとき、使おうと思ってカメラを買ったのに……。
여행 때 사용하려고 카메라를 샀는데…….

3) 'のに' 앞에서는 보통형을 사용한다. 단, な형용사와 명사의 'だ'는 'な'가 된다.

3. ナルコさんは結婚したばかりです。　나르코 씨는 갓 결혼했습니다.
● Vたばかりです

1) 이 표현은 'V가 일어난 후 그다지 시간이 지나지 않았다'고 화자가 느끼고 있음을 나타낸다.
위의 예문은 나르코 씨가 결혼한 후 그다지 시간이 지나지 않았다고 화자가 느끼고 있음을 나타내고 있다.

2) 'Vたばかりです'는 명사문을 만든다. 뒤에 '～のに', '～ので', '～とき' 등이 붙을 때는 아래와 같은 형태가 된다.
さっき名前を聞いたばかりなのに、忘れてしまいました。
아까 막 이름을 들었는데 잊어버렸습니다.
免許を取ったばかりなので、まだ運転が下手です。
운전면허를 갓 땄으니까 아직 운전이 서투릅니다.
日本へ来たばかりのとき、日本語が話せなくて困りました。
일본에 갓 왔을 때 일본어를 말하지 못해서 난처했습니다.

3) 'Vたばかりです'는 그 동작이 끝난 후의 시간이 짧다고 느끼는 화자의 기분에 초점이 맞추어진 데 반하여, 'Vたところです'는 그 동작이 지금 바로 끝났다는 사실에 초점이 맞추어져 있다. ⇒ 37과-**2**

언어와 문화 정보

電車の事故　전철 사고

1. 事故のお知らせ　사고 안내

> お客様にお知らせいたします。先ほどA駅で起きました人身事故の影響で電車の到着が遅れております。皆様には大変ご迷惑をおかけいたしますが、到着までいましばらくお待ちください。
>
> 손님 여러분께 안내 말씀 드리겠습니다. 조금 전에 A역에서 발생한 인신사고의 영향으로 열차 도착이 늦어지고 있습니다. 손님 여러분께 많은 불편을 끼쳐 죄송합니다만, 도착까지 잠시만 더 기다려 주시기 바랍니다.

2. 電車のトラブルの原因　전철 트러블(지연)의 원인

1. 人身事故 인신사고
2. 信号故障 신호 고장
3. 車両点検 차량 점검
4. 強風 강풍
5. 大雪 대설, 큰눈
6. 落雷 낙뢰

3. トラブルへの対応　트러블 대처

1. 運転を見合わせる 운행을 중단함
2. 振替輸送を行う 대체 수송을 함
3. 遅延証明書を出す 지연 증명서를 발행함

40 아들을 학원에 보내고 싶은데요……

회화문

기무라 : 안 씨, 무슨 걱정되는 일이라도 있습니까?
레   : 네, 실은 아들을 학원에 보내고 싶은데, 좀처럼 가겠다고 안 하거든요.
기무라 : 그렇군요. 아이는 자유롭게 놀게 하면 어떨까요?
레   : 그런데 아들의 친구들은 모두 학원을 다니고 있고…….
       기무라 씨 아들은 어땠습니까?
기무라 : 우리 아들은 학원을 다니지 않았습니다. 자주 풀장에 가곤 했습니다.
       친구도 많이 생겨서 즐거워 보이던데요.
레   : 그렇군요.
기무라 : 하고 싶은 일을 하게 하는 것이 가장 좋지 않을까요?
레   : 그럴지도 모르겠군요.
       다시 한번 아들과 잘 의논해 보겠습니다.

어휘

せいと	生徒	학생
じらい	地雷	지뢰
せわ	世話	보살핌
パーマ		파마
ピアス		피어스트 이어링
くちべに	口紅	입술연지, 루즈
アクセサリー		액세서리
たび	旅	여행
ひとりたび	一人旅	혼자 하는 여행
くらし	暮らし	삶
ひとりぐらし	一人暮らし	혼자 삶
プロジェクト		프로젝트
ディベート		토론
じゅく	塾	학원
さんせい	賛成	찬성
グループ		그룹
さんせいグループ	賛成グループ	찬성 그룹
ジャッジ		판정
ジャッジグループ		판정 그룹
レベル		수준
〜いがい	〜以外	〜 이외
そめる Ⅱ	染める	염색하다
かける[パーマを〜] Ⅱ		하다 [파마를 〜]
のばす Ⅰ	伸ばす	길게 하다
そうたいする Ⅲ	早退する	조퇴하다
まなぶ Ⅰ	学ぶ	공부하다, 배우다
うんという Ⅰ	うんと言う	수긍하다, 긍정적인 대답을 하다
はで[な]	派手[な]	야하다

| もし | | 가령, 만약에 |
| それでは | | 그러면 |

| しえきけい | 使役形 | 사역형 |

문형 설명

사역형

1. 사역형

1) 손윗사람이 손아랫사람에게 무엇인가를 시키는 것을 사역이라고 한다. 사역에는 강제적으로 동작을 시킨다는 뜻과, 비강제적인 허가, 용인의 뜻이 있다. 동사를 사역형으로 바꾸어서 사용한다.

2) 사역형을 만드는 방법은 다음과 같다.
  Ⅰ그룹 : 사전형의 끝 음절 '-u'를 '-a せる'로 바꾼다.
  Ⅱ그룹 : 사전형의 'る'를 'させる'로 바꾼다.
  Ⅲ그룹 : 'くる→こさせる', 'する→させる'

	V dic.	V(사역형)				V dic.	V(사역형)	
Ⅰ	い**う** き**く** いそ**ぐ** はな**す** ま**つ** し**ぬ** あそ**ぶ** よ**む** つく**る**	い**わせる** き**かせる** いそ**がせる** はな**させる** ま**たせる** し**なせる** あそ**ばせる** よ**ませる** つく**らせる**	う→わ く→か ぐ→が す→さ つ→た ぬ→な ぶ→ば む→ま る→ら	せる	Ⅱ	た**べる** あ**ける** **みる**	たべ**させる** あけ**させる** み**させる**	る→ させる
					Ⅲ	**くる** **する**	**こさせる** **させる**	

3) 사역형은 Ⅱ그룹의 동사로서 활용한다.

2. 先輩(せんぱい)は後輩(こうはい)にトイレの掃除(そうじ)をさせます。
先輩(せんぱい)は後輩(こうはい)を買(か)い物(もの)に行(い)かせます。

선배는 후배에게 화장실 청소를 시킵니다.
선배는 후배를 장 보러 가게 합니다.

● N1(사람)は N2(사람)に N3(사물)を V(사역형)
● N1(사람)は N2(사람)を V(사역형)

부모나 교사 등 손윗사람(N1)이 손아랫사람(N2)에게 강제적으로 무엇인가를 시키는 표현이다.

조사 'を'를 동반하는 동사의 경우는 동작을 하는 사람(N2)을 'に'로 나타낸다.

조사 'を'를 동반하지 않은 동사의 경우는 동작을 하는 사람(N2)을 'を'로 나타낸다.

3. 母は 妹に 好きなお菓子を買わせます。
　 母は 妹を 遊ばせます。

　 어머니는 여동생에게 좋아하는 과자를 사게 합니다.
　 어머니는 여동생을 놀게 합니다.
- ● N1(사람) は N2(사람) に N3(사물) を V(사역형)
- ● N1(사람) は N2(사람) を V(사역형)

1) 상대가 희망하는 동작을 손윗사람이 허가, 용인한다는 뜻이다. 강제냐 허가냐는 문맥에 따라 결정된다.
　 わたしは野菜が嫌いなのに、母は毎日野菜をたくさん食べさせます。
　 저는 야채를 싫어하는데, 어머니는 매일 야채를 많이 먹게 합니다.

(강제)

　 父はレストランでわたしたちに好きなものを食べさせました。
　 아버지는 레스토랑에서 우리에게 좋아하는 음식을 먹게 했습니다.

(허가, 용인)

2) 허가, 용인을 고맙게 받아들여 말하는 경우에는 'V(사역형)てくれる'를 사용한다.
　 高校生のとき、両親は一人旅をさせてくれました。
　 고등학생 때 부모님은 혼자 여행을 가게 해 주었습니다.

4. あした休ませていただけませんか。 　내일 쉬게 해 주시지 않겠습니까?
- ● V(사역형) ていただけませんか

화자가 무엇인가를 하고 싶을 때 손윗사람에게 정중히 허가를 구하는 표현이다. ⇒ 16 과-1

언어와 문화 정보

大学生活 (だいがくせいかつ) 대학 생활

入学式 (にゅうがくしき)
입학식

新入生歓迎コンパ (しんにゅうせいかんげい)
신입생 환영회

オリエンテーション
오리엔테이션

講義 (こうぎ)
강의

ゼミ
세미나

サークル活動 (かつどう)
동아리 활동

学園祭 (がくえんさい)
대학 축제, 학교 축제

卒業式 (そつぎょうしき)
졸업식

送別会 (謝恩会) (そうべつかい／しゃおんかい)
송별회 (사은회)

学期 (がっき) 학기 (前期 (ぜんき) 전기 (1학기) 後期 (こうき) 후기 (2학기)) 学生証 (がくせいしょう) 학생증
学割 (がくわり) 학생 할인   卒業証明書 (そつぎょうしょうめいしょ) 졸업 증명서   成績証明書 (せいせきしょうめいしょ) 성적 증명서
単位 (たんい) 학점   卒業論文 (そつぎょうろんぶん) 졸업 논문   就職活動 (しゅうしょくかつどう) 취업 활동

41 대학원에서 의학을 연구하셨습니다

회화문

차차이 : 여러분, 올해 문화제 손님은 미리엄 테런 선생님입니다. 선생님은 10년 전에 일본의 대학원에서 의학을 연구하셨습니다. 선생님, 잘 부탁합니다.

테런 : 저야말로 잘 부탁합니다.

차차이 : 선생님은 지금 어떤 연구를 하고 계십니까?

테런 : 말라리아 백신의 연구를 하고 있습니다.

차차이 : 백신 개발의 가능성에 대하여 어떻게 생각하십니까?

테런 : 현재 전세계에서 연구가 이루어지고 있습니다. 간단하지 않지만 반드시 개발될 것으로 생각합니다.

차차이 : 우리도 그 날이 빨리 오기를 기원하고 있습니다.

어휘

おうじょさま	王女様	왕녀님
スニーカー		스니커즈
びよういん	美容院	미용실
ピアニスト		피아니스트
だいじん	大臣	대신 (장관)
きちょうひん	貴重品	귀중품
にわ	庭	뜰, 마당
かた	方	분 ('ひと'의 존경 표현)
シートベルト		안전띠
してんちょう	支店長	지점장
インタビュアー		인터뷰어
けいご	敬語	경어
とうふ	豆腐	두부
とうふサラダ	豆腐サラダ	두부 샐러드
さっか	作家	작가
せいじ	政治	정치
〜か	〜家	〜가, 〜인 (〜를 전문으로 하는 사람을 나타내는 접미사)
せいじか	政治家	정치가
はいゆう	俳優	배우
がくしゃ	学者	학자
いがく	医学	의학
マラリア		말라리아
ワクチン		백신
げんざい	現在	현재
いらっしゃる Ⅰ		가시다, 오시다, 계시다 ('いく', 'くる', 'いる'의 존경어)
めしあがる Ⅰ	召し上がる	드시다 ('たべる', 'のむ'의 존경형)

おっしゃる Ⅰ		말씀하시다('いう'의 존경형)
ごらんになる Ⅰ	ご覧になる	보시다('みる'의 존경형)
なさる Ⅰ		하시다('する'의 존경형)
くださる Ⅰ	下さる	주시다('くれる'의 존경형)
おせわになる Ⅰ	お世話になる	신세 지다
けんぶつする Ⅲ	見物する	구경하다
きがえる Ⅱ	着替える	갈아입다(옷+に)
しめる Ⅱ	締める	매다
ねがう Ⅰ	願う	기원하다
—ぶ	—部	—부(팸플릿 등을 셀 때 사용하는 조수사)
—れつ	—列	—줄(줄을 선 사람들이나 이어지는 물건들을 셀 때 사용하는 조수사)
しょうしょう	少々	다소('すこし'의 격식 차린 표현)
～ずつ		～씩

ホンコン		홍콩
ブラジル		브라질
ミリアム・セロン		미리엄 테런
そんけいどうし	尊敬動詞	존경 동사
そんけいけい	尊敬形	존경형

문형 설명

존경 표현

1. 존경어

1) 화자가 청자 혹은 화제의 대상이 되는 사람에 대한 경의를 표할 때 경어를 사용한다. 경어는 청자나 화제의 대상이 되는 사람이 손윗사람(선생님, 상사, 연상의 사람)이나 친하지 않은 사람, 모르는 사람인 경우에 사용된다. 또한 공식적인 장면에서도 사용된다.

2) 경어에는 크게 나누어 존경어와 겸양어가 있다.
   화자가 행위자의 행위나 상태를 높여서 말할 때는 존경어를 사용한다.
   행위자가 스스로의 행위를 낮추어서 말할 때는 겸양어를 사용한다.
   ⇒ 42과
   이 과에서는 존경어를 익히겠다.

3) 존경어에는 다음 3가지 형태가 있다.
   ・존경동사 (원래의 동사와 전혀 다른 형태인 특수한 존경어) ⇒ **1-5)**
   ・'おVになります' ⇒ **3**
   ・존경형 ⇒ **5**

4) 동사가 2개 이상 사용되는 경우에는 주로 뒤의 동사를 존경어로 만든다.

5) 다음 페이지에 제시한 표는 원래의 동사와 전혀 다른 형태를 가진 존경동사를 정리한 표이다.

V dic.	V(존경) 보통형	V(존경) 정중형
いく	いらっしゃる	いらっしゃいます
くる		
いる		
～ている	～ていらっしゃる	～ていらっしゃいます
たべる	めしあがる	めしあがります
のむ		
いう	おっしゃる	おっしゃいます
みる	ごらんになる	ごらんになります
する	なさる	なさいます
くれる	くださる	くださいます
～てくれる	～てくださる	～てくださいます
しっている	ごぞんじだ	ごぞんじです

'いらっしゃる'의 ます형은 'いらっしゃいます'이다. 'おっしゃる', 'なさる', 'くださる'도 마찬가지로 'おっしゃいます', 'なさいます', 'くださいます'가 된다.

2. 先生はあしたロンドンへいらっしゃいます。
선생님은 내일 런던에 가십니다.

●존경동사

런던에 가시는 선생님에게 경의를 표하고 'いきます' 대신에 'いらっしゃいます'를 사용하고 있다.
화자의 가족에 관하여 남에게 말할 때는 가령 조부모, 부모의 일이라도 존경어를 쓰지 않는다.
×父は毎日電車で会社へいらっしゃいます。

3. 社長は5時にお帰りになります。 사장님은 5시에 귀가하십니다.

●おVになります

대부분의 동사는 'おVになります'라는 형태로 만들면 경어가 된다. 단, Ⅲ그룹의 동사와 'ます' 앞의 부분이 1음절인 동사('います', 'みます', 'ねます' 등)는 이 형태로 만들 수 없다. Ⅰ그룹과 Ⅱ그룹의 동사는 ます형 앞에 'お'를 붙인 후 'ます'를 빼고 'になります'를 붙인다.

```
かえります → おかえりになります
でかけます → おでかけになります
やすみます → おやすみになります
```

4. どうぞお入(はい)りください。 어서 들어오십시오(들어가십시오).

● **おV ください**

의뢰나 지시의 존경 표현으로 'おV ください'라는 형태를 사용한다. 'おはいりください'는 'はいってください' 보다 정중하며, 화자가 청자에게 경의를 표하고 있음을 나타낸다. 단 Ⅲ그룹의 동사와 'ます' 앞이 1음절인 동사('います', 'みます', 'ねます' 등)는 이 형태가 되지 않는다. Ⅰ그룹과 Ⅱ그룹의 동사는 ます형 앞에 'お'를 붙인 후 'ます'를 빼고 'ください'를 붙인다.

```
はいります → おはいりください
つかいます → おつかいください
ききます   → おききください
```

5. 존경형

1) 동사를 존경형으로 바꾸어서 경어로서 사용한다.
2) 만드는 방법은 다음과 같다. 수동형을 만드는 방법과 같다. ⇒ 36과

	V dic.	V(존경형)			V dic.	V(존경형)	
Ⅰ	きく	きかれる	く→か	Ⅱ	かける	かけられる	る→
	つかう	つかわれる	う→わ れる		おりる	おりられる	られる
	よむ	よまれる	む→ま	Ⅲ	くる	こられる	
					する	される	

Ⅰ그룹의 동사와 Ⅲ그룹의 'する'의 존경형은 수동형과 형태가 같다.
Ⅱ그룹의 동사와 Ⅲ그룹의 'くる'의 존경형은 가능형, 수동형과 형태가 같다.
각 형태가 어떤 뜻이 되는가는 문맥에서 판단한다.

今(いま)はインターネットで何(なん)でも調(しら)べられます。(가능)
지금은 인터넷으로 무엇이든 알아볼 수 있습니다.
空港(くうこう)でかばんの中(なか)を調(しら)べられました。(수동)
공항에서 가방 안을 조사 받았습니다.

　　　　社長はご自分で書類を調べられました。（존경）
　　　　사장님은 스스로 서류를 조사하셨습니다.
　　3) 존경형은 모두 Ⅱ그룹의 동사로서 활용한다.

6. 社長は毎日8時に来られます。　　사장님은 매일 8시에 오십니다.
　　●존경형
　　위 문장에서는 사장에게 경의를 표하고 'きます' 대신에 'こられます'를 사용하고 있다.

---

① どんなものがお好きですか。　어떤 것을 좋아하십니까?
　　일부 형용사에서는 어두에 'お'를 붙여서 상대에 대한 경의를 표할 수 있다.

　　　　なＡ：すきです　　　→　おすきです
　　　　　　　げんきです　　→　おげんきです
　　　　いＡ：いそがしいです　→　おいそがしいです
　　　　　　　わかいです　　→　おわかいです

언어와 문화 정보

旅行 여행

41

JR新幹線で行く京都3日間【とらや旅館に泊まる】
JR 신칸센으로 가는 교토 3일 (도라야 여관 숙박)

- ●［とらや旅館］도라야 여관
  京都駅下車、徒歩2分
  교토역 하차, 도보 2분
  お好きな浴衣がお選びになれます。
  마음에 드시는 유카타를 골라 입으실 수 있습니다.

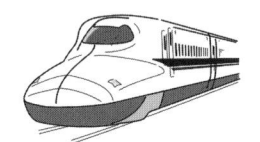

- ●JR新幹線全列車がご利用になれます。
  JR 신칸센 모든 열차를 이용하실 수 있습니다.

ツアー日程　투어 일정

	行程 일정	食事 식사	宿泊 숙박
1	東京駅発→（JR新幹線）→京都駅着 도쿄역 출발→(JR 신칸센)→교토역 도착	朝：× 조식 昼：× 중식 夕：○ 석식	とらや旅館 도라야 여관
2	終日自由行動。종일 자유 일정 京都をお楽しみください！교토를 즐겨 주십시오! ※レンタカープランもございます！ 　お問い合わせください。 　렌트카 옵션도 있습니다! 문의하십시오.	朝：○ 昼：× 夕：○	とらや旅館 도라야 여관
3	ホテル…京都駅→（JR新幹線）→東京駅着 호텔…교토역→(JR 신칸센)→도쿄역 도착	朝：○ 昼：×	

オプショナルツアー 옵션 투어	舞妓体験ツアー　마이코 (소녀 무희) 체험 투어 座禅体験ツアー　좌선 체험 투어

42 10년 전에 일본에 왔습니다

회화문

린 : 여러분, 오늘은 감사합니다. 저는 10년 전에 일본에 왔습니다. 스바루 일본어 학원을 졸업 후 유리 대학에 진학했습니다. 대학 졸업 후 서미트 여행사에 취직해서 5년간 근무했습니다. 그리고 여러분 덕분에 오늘 여행사를 시작할 수 있게 됐습니다. 여러분의 의견을 들으면서 새 시대를 이끌어 가는 회사로 만들고 싶다고 생각합니다. 아무쪼록 잘 부탁드리겠습니다.

기무라 : 린 씨, 축하합니다.
스즈키 : 우리 모두 응원하고 있습니다.
스미스 : 린 씨, 힘내십시오.
린 : 감사합니다.

어휘

わたくし	私	저 ('わたし'의 겸양어)
けんちくがく	建築学	건축학
とし	都市	도시
としけいかく	都市計画	도시 계획
くにぐに	国々	각국
こうそく	高速	고속
こうそくどうろ	高速道路	고속도로
プレゼンテーション		프리젠테이션
でんごん	伝言	전언
うちあわせ	打ち合わせ	협의, 회의
あてさき	あて先	받는 사람
けんめい	件名	제목
おたく	お宅	집, 댁 ('いえ'를 정중히 말하는 표현)
おかげ		덕분, 덕택
じだい	時代	시대
ほんじつ	本日	오늘, 금일 ('きょう'의 격식 차린 표현)
まいる Ⅰ	参る	가다, 오다 ('いく', 'くる'의 겸양어)
おる Ⅰ		있다 ('いる'의 겸양어)
もうす Ⅰ	申す	말하다 ('いう'의 겸양어)
はいけんする Ⅲ	拝見する	보다 ('みる'의 겸양어)
いたす Ⅰ		하다 ('する'의 겸양어)
うかがう Ⅰ	伺う	묻다, 듣다, 가다 ('きく', 'いく'의 겸양어)
ぞんじておる Ⅰ	存じておる	알고있다 ('しっている'의 겸양어)
せんこうする Ⅲ	専攻する	전공하다
むすぶ Ⅰ	結ぶ	맺다, 매다

はずす[せきを～]　Ⅰ	外す[席を～]	뜨다 [자리를 ～]
ごぶさたする　Ⅲ		격조하다
すごす　Ⅰ	過ごす	지내다
しんがくする　Ⅲ	進学する	진학하다 (학교＋に)
つとめる　Ⅱ	勤める	근무하다
リードする　Ⅲ		이끌어 가다 , 앞서 가다
おうえんする　Ⅲ	応援する	응원하다
なつかしい	懐かしい	그립다
～かん	～間	～간
―ねんかん	―年間	―년간
なぜ		왜
そして		그리고
おめでとうございます。		축하합니다 .

マレーシア		말레이시아
アジア		아시아
まつやま	松山	마쓰야마
タン・ズイチン		탄 주이 첸
やまだ	山田	야마다
スバルけんせつ	スバル建設	스바루 건설
サミットりょこうしゃ	サミット旅行社	서미트 여행사
けんじょうどうし	謙譲動詞	겸양동사
しゅく	祝	축

문형 설명

겸양 표현

1. 겸양어

1) 겸양어는 화자가 스스로의 동작을 낮추어 말함으로서 동작의 상대에 대하여 경의를 표하는 표현이다.
2) 겸양어에는 다음과 같은 2가지 형태가 있다.
    · 겸양동사 (원래의 동사와 전혀 다른 형태의 특수한 동사) ⇒ **1**-3)
    · 'お V する' ⇒ **3**
3) 다음은 원래의 동사와 전혀 다른 형태인 겸양동사의 표이다.

V dic.	V(겸양)보통형	V(겸양)정중형
いく	まいる	まいります
くる		
いる	おる	おります
～ている	～ておる	～ております
たべる	いただく	いただきます
のむ		
もらう		
～てもらう	～ていただく	～ていただきます
いう	もうす	もうします
みる	はいけんする	はいけんします
する	いたす	いたします
きく	うかがう	うかがいます
(うちへ)いく		
しっている	ぞんじておる	ぞんじております

2. 3時に伺います。　3시에 찾아가 뵙겠습니다.

●겸양동사

손윗사람이나 별로 친하지 않은 사람과 이야기할 때 화자나 화자 쪽에 속한 사람의 동작을 낮추기 위하여 특별한 동사를 사용한다.

　　A：あした何時にうちへ来ますか。
　　　　내일 몇 시에 우리 집에 오겠습니까?
　　B：3時に伺います。　3시에 찾아가 뵙겠습니다.

3. 私がお手伝いします。　제가 도와 드리겠습니다.
　　私がご説明します。　제가 설명해 드리겠습니다.

●お／ご V します

1) 화자가 하는 동작을 청자에 대해서 낮추어서 말하는 표현이다.
   단, 화자가 경의를 표해야 하는 상대라도 화자의 행위가 직접 상대와 관련이 없는 경우에는 사용하지 않는다.

　　A：Bさんは毎晩何を飲みますか。
　　　　B 씨는 매일 저녁에 무엇을 마십니까?
　×B：ビールをお飲みします。

2) Ⅰ, Ⅱ그룹의 동사는 ます형 앞에 'お'를 붙인 후 'ます'를 'します'로 바꾼다.

　　てつだいます → おてつだいします
　　　みせます → おみせします

'ます' 앞이 1음절인 동사('います', 'みます', 'ねます' 등)는 이 형태로 만들 수 없다.

Ⅲ그룹의 'せつめいする', 'れんらくする' 등의 동사는 앞에 'ご'를 붙인다.

　　せつめいします → ごせつめいします
　　れんらくします → ごれんらくします

언어와 문화 정보

店での表現　가게에서 사용하는 표현

1. カフェ・ハンバーガーショップ　카페．햄버거집

ご注文は？
무엇을 주문하시겠습니까？

コーヒー、お願いします。
커피 주십시오．

こちらでお召し上がりですか。　여기서 드실 겁니까？

お持ち帰りですか。　테이크아웃하시겠습니까？

お砂糖、お使いですか。　설탕 넣으시겠습니까？

少々お待ちください。　잠시만 기다려 주십시오．

ごゆっくりどうぞ。　천천히 드십시오．

2. レストラン　레스토랑

何名様ですか。
몇 분이십니까？
お会計はご一緒ですか。
같이 계산하실 겁니까？

別々にお願いします。
따로따로 계산해 주십시오．

3. コンビニ　편의점

お弁当、温めましょうか。　도시락을 데워 드릴까요？

おはし、おつけしましょうか。　젓가락을 드릴까요？

袋に入れますか。　봉투에 넣어 드릴까요？

まとめ 8
어휘

ちゅうしゃ	駐車	주차
ちゅうしゃきんし	駐車禁止	주차 금지
ホームシック		향수병
げんきづける Ⅱ	元気づける	격려하다
かんしゃする Ⅲ	感謝する	감사하다
むかう Ⅰ	向かう	향하다
いや		아니 (가볍게 부정하는 표현)

巻末

어휘

—ひき／びき／ぴき	—匹	—마리 (작은 동물 , 곤충 , 물고기 등을 셀 때 사용하는 조수사)
—ミリ(メートル)(mm)		—밀리미터
—へいほうメートル (m²)	—平方メートル	—제곱미터
—へいほうキロメートル (km²)	—平方キロメートル	—제곱킬로미터
—グラム (g)		—그램
—シーシー (cc)		—cc
—リットル (ℓ)		—리터
—りっぽうメートル (m³)	—立方メートル	—세제곱미터
—びょう	—秒	—초

たんい	単位	단위
たどうし	他動詞	타동사
じどうし	自動詞	자동사

執筆者
山﨑佳子　元東京大学大学院工学系研究科
石井怜子　朝日国際学院
佐々木薫
高橋美和子
町田恵子　元公益財団法人アジア学生文化協会日本語コース

翻訳
中村克哉

本文イラスト
内山洋見

カバーイラスト
宮嶋ひろし

装丁・本文デザイン
山田武

日本語初級2 大地
文型説明と翻訳　韓国語版

2010年6月25日　初版第1刷発行
2025年4月28日　第2刷発行

著　者　　山﨑佳子　石井怜子　佐々木薫　高橋美和子　町田恵子
発行者　　藤嵜政子
発　行　　株式会社スリーエーネットワーク
　　　　　〒102-0083　東京都千代田区麹町3丁目4番
　　　　　　　　　　　トラスティ麹町ビル2F
　　　　　電話　　03（5275）2722（営業）
　　　　　https://www.3anet.co.jp/
印　刷　　倉敷印刷株式会社

ISBN978-4-88319-531-2　C0081
落丁・乱丁本はお取替えいたします。
本書の内容についてのお問い合わせは、弊社ウェブサイト「お問い合わせ」よりご連絡ください。
本書の全部または一部を無断で複写複製（コピー）することは著作権法上での例外を除き、禁じられています。

日本語学校や大学で日本語を学ぶ外国人のための日本語総合教材

大地(だいち)

■初級1

日本語初級1大地　メインテキスト
山崎佳子・石井怜子・佐々木薫・高橋美和子・町田恵子●著
B5判　195頁+別冊解答46頁　CD1枚付　3,080円(税込)〔978-4-88319-476-6〕

日本語初級1大地　文型説明と翻訳
〈英語版〉〈中国語版〉〈韓国語版〉〈ベトナム語版〉〈タイ語版〉〈ネパール語版〉
山崎佳子・石井怜子・佐々木薫・高橋美和子・町田恵子●著　B5判　162頁　2,200円(税込)
英語版〔978-4-88319-477-3〕　　中国語版〔978-4-88319-503-9〕
韓国語版〔978-4-88319-504-6〕　　ベトナム語版〔978-4-88319-749-1〕
タイ語版〔978-4-88319-954-9〕　　ネパール語版〔978-4-88319-967-9〕

日本語初級1大地　基礎問題集
土井みつる●著　B5判　60頁+別冊解答12頁　990円(税込)〔978-4-88319-495-7〕

文法まとめリスニング　初級1―日本語初級1　大地準拠―
佐々木薫・西川悦子・大谷みどり●著
B5判　53頁+別冊解答42頁　CD2枚付　2,420円(税込)〔978-4-88319-754-5〕

ことばでおぼえる　やさしい漢字ワーク　初級1―日本語初級1　大地準拠―
中村かおり・伊藤江美・梅津聖子・星野智子・森泉朋子●著
B5判　135頁+別冊解答7頁　1,320円(税込)〔978-4-88319-779-8〕

新装版　日本語初級1大地　教師用ガイド「教え方」と「文型説明」
山崎佳子・佐々木薫・高橋美和子・町田恵子●著
B5判　183頁　2,530円(税込)〔978-4-88319-958-7〕

■初級2

日本語初級2大地　メインテキスト
山崎佳子・石井怜子・佐々木薫・高橋美和子・町田恵子●著
B5判　187頁+別冊解答44頁　CD1枚付　3,080円(税込)〔978-4-88319-507-7〕

日本語初級2大地　文型説明と翻訳
〈英語版〉〈中国語版〉〈韓国語版〉〈ベトナム語版〉
山崎佳子・石井怜子・佐々木薫・高橋美和子・町田恵子●著　B5判　156頁　2,200円(税込)
英語版〔978-4-88319-521-3〕　　中国語版〔978-4-88319-530-5〕
韓国語版〔978-4-88319-531-2〕　　ベトナム語版〔978-4-88319-759-0〕

日本語初級2大地　基礎問題集
土井みつる●著　B5判　56頁+別冊解答11頁　990円(税込)〔978-4-88319-524-4〕

文法まとめリスニング　初級2―日本語初級2　大地準拠―
佐々木薫・西川悦子・大谷みどり●著
B5判　48頁+別冊解答50頁　CD2枚付　2,420円(税込)〔978-4-88319-773-6〕

ことばでおぼえる　やさしい漢字ワーク　初級2―日本語初級2　大地準拠―
中村かおり・伊藤江美・梅津聖子・星野智子・森泉朋子●著
B5判　120頁+別冊解答7頁　1,320円(税込)〔978-4-88319-782-8〕

新装版　日本語初級2大地　教師用ガイド「教え方」と「文型説明」
山崎佳子・佐々木薫・高橋美和子・町田恵子●著
B5判　160頁　2,530円(税込)〔978-4-88319-959-4〕

日本語学習教材の
スリーエーネットワーク

https://www.3anet.co.jp/
ウェブサイトで新刊や日本語セミナーを紹介しております
営業　TEL:03-5275-2722　　FAX:03-5275-2729